萝卜计划

北大奇人怪招

吴业涛 / 著

浙江人民出版社

图书在版编目（CIP）数据

萝卜计划：北大奇人怪招 / 吴业涛著. — 杭州：
浙江人民出版社，2021.5
ISBN 978-7-213-09941-0

Ⅰ.①萝… Ⅱ.①吴… Ⅲ.①学习方法－青少年读物
Ⅳ.①G791-49

中国版本图书馆 CIP 数据核字（2020）第 255382 号

萝卜计划：北大奇人怪招

吴业涛 著

出版发行：浙江人民出版社（杭州市体育场路 347 号 邮编：310006）
市场部电话：（0571）85061682 85176516

责任编辑：王月梅 沈敏一
营销编辑：陈雯怡 陈芊如
责任校对：王欢燕
责任印务：刘彭年
封面设计：红杉林
电脑制版：济南唐尧文化传播有限公司
印　　刷：杭州丰源印刷有限公司
开　　本：710 毫米 ×1000 毫米　1/16　　印　张：13
字　　数：150 千字　　　　　　　　　　插　页：2
版　　次：2021 年 5 月第 1 版　　　　　印　次：2021 年 5 月第 1 次印刷
书　　号：ISBN 978-7-213-09941-0
定　　价：59.80 元

为什么叫《萝卜计划》?

　　我小时候曾经看过一篇介绍波音 747 客机的文章,里面提到了一个很有趣的细节。在设计和制造波音 747 的过程中,工程师居然做到了机舱的任意位置都能经得起成年男子用斧头全力一击而不至于坠机。飞机上有很多精密仪器,也有很多脆弱的地方,要做到这点非常难,这让我印象很深。

　　斧头肯定是不被允许带上飞机的,而且之前从未发生过用斧头砍飞机的劫机事件,有必要把客机造得那么"皮实"吗? 我觉得这帮工程师实在是多虑了。直到"9·11"事件发生后,看着在电影中都没出现的情节发生在现实中,我才佩服起工程师们有备无患的危机意识。

　　"9·11"事件想必大家都知道。然而很少有人了解,在"9·11"事件发生之前 56 年,即 1945 年,当时纽约的最高建筑帝国大厦,也曾遭一架飞机撞击。不过那次事件不是恐怖袭击,而是飞行员失误的结果。

　　1945 年 7 月 28 日,一架 B25 轰炸机在雾中迷失方向,以每小时 320 千米的速度撞上帝国大厦,将其撞出一个大窟窿! 与此同时,

飞机油箱爆炸，大厦上半部立刻变得一片焦黄。一个螺旋桨的引擎甚至横穿楼层，飞了出去，砸进了街对面的楼里。这次事故被称为航空史上最离奇的空难。整个事件中有 14 人死亡。幸亏整座大楼比较皮实，没有在强烈的撞击和燃烧中轰然倒塌，否则伤亡人数恐怕要多出上百倍。

波音 747 和帝国大厦都很皮实，能够经受得起意外的冲击，这种皮实的特点，在工程学中被称为"robust"又译为"鲁棒"，即"强大的、稳定的、能经得起各种意外而不改变的"。robust [rəʊˈbʌst] 的读音有点像是中文的"萝卜"，我希望我制定的计划也能具有这种强大、稳定的特点，所以就把这种计划称为"萝卜计划"。萝卜不仅和 robust 读音比较接近，而且扎根很深，经得起风吹雨打，是最容易种的蔬菜之一，所以把"robust 计划"称为"萝卜计划"倒也还算是贴切。

制定计划是好事，能让人明确目标，充满斗志，还能帮我们合理安排时间。不过在日常生活中，许多人制定的并不是强大而又稳定的萝卜计划，而是稍微遇到意外，就被轻易打乱的计划。有时甚至还没遇到意外就因为缺乏意志力而失败。我并不是一个意志力很强的人，之前也经常兴高采烈地制定计划，没过几天就受挫。好在我并没有放弃，而是经常在失败后思考如何改进。

久病成良医，经过多年的学习和摸索，我终于总结出一套行之有效的做计划的方法，即"萝卜计划——不依赖意志力的计划"。我认为，一个真正的好计划，应该像波音747那样经得起斧头砍，像帝国大厦一样经得起飞机撞，像萝卜一样具有顽强的生命力，它不是一个"纸老虎"，不会因为稍许的意外和变动，就被轻易打乱，也不会因为执行者没有强大的意志力而失败。

意志力强肯定对完成计划很有好处，但是好的计划会尽可能地使完成的过程变得轻松愉快，降低对意志力的要求。通过这套方法，我实现了考上北大、减肥、健身、戒网、写出畅销书《秘笈：北大奇人怪招》等多个目标。读者经常会问我一些关于如何制定和执行计划的问题。我将这些方法告诉了他们，也从他们那里获得了许多成功案例和宝贵建议，一并整合写入此书。

目　录

第一章

好事多磨：任何计划都可能遇到意外

西方有句谚语："在蚂蚁的巢穴里，一颗露珠就是一场洪水。"（In the ant's houses, the dew is a flood.）然而，对于生活在平原的蚂蚁来说，它们有时遭遇的可不是一滴小小的露珠，而是真正的洪水。

小小的蚂蚁面对洪水，只有死路一条吗？这可未必。《科学美国人》杂志报道了它们神奇的应对措施。瑞士洛桑大学的研究人员发现，在洪水来临前，有一种蚂蚁会事先把幼蚁（包括不能动的卵和蛹）集中到一块，然后爬到幼蚁堆上，用颚紧紧钳住幼蚁，这样就用幼蚁搭建出了一艘"救生筏"。蚁后会被安置在救生筏中最为安全的中心地带。

救生筏的底部是最容易被淹死的地方，把幼蚁放在那个位置，似乎并不是个好主意。出人意料的是，科学家们发现那些垫在"船底"的幼蚁并没有死。这可能是因为幼蚁比较肥胖，厚厚的脂肪让它们在水中有巨大的浮力，即使把同类背在身上也不至于沉下去。

【读者"猎人又休刊"：论和胖人做朋友的好处。】

一、蚂蚁"救生筏"：应对措施

正是因为有了应对措施，蚂蚁才能战胜危机。假如危机发生了再临时想办法，很可能就来不及了。"失败不是可选项"，为了实现目标，我们在做计划的时候，也要事先想好可能会发生的主要问题，并且仔细想好应对措施。

有些人太乐观，总是觉得随便做一个计划，然后就能顺利完成。实际上，一方面外界环境存在诱惑，另一方面自己之前可能还有一些坏习惯，如果不事先想好应对措施，明天的自己未必和今天有所不同。

放假时，我经常会睡懒觉。所以我在制定学习计划时，想好了几条解决措施。第一是把闹钟放得离床远一些，这样我不能躺在床上就把它关掉。第二是在闹钟响起时，要想到它会影响父母休息。所以闹钟一响，我就要立刻跳起来，在最短的时间内把它关掉。第三是我经常会找借口说："现在太困了，需要再睡一会儿。"以后我脑海中一出现这个借口，就立刻想到对应的话："洗完脸就有精神了。"采用这些方法后，我摆脱了睡懒觉的习惯。

我的读者在了解了应对措施的重要性后，在制定计划时，也纷纷针对可能会阻碍计划的主要问题，提出了应对措施。

来自山东大学的读者"王不留行"是一位正在准备考研的大三学生。他通过电子邮件与我分享了经验心得。

我很想考复旦大学的研究生，在宿舍总是学不下去，所以就决定去自习室。可是我每次在去自习室之前，都忍不住想要先上会儿网再去，经常很晚才去上自习。有时甚至都已经背上了书包，想着就上五分钟网，结果打开电脑玩着玩着就不想去上自习了。中学的时候，学校和家里都管得严，所以我能做到

基本不上网，可是大学比较自由，我就很难控制自己了。我已经养成了沉迷上网的坏习惯，一上不了网，就难受。

这是我完成学习计划的主要障碍，所以我在制定学习计划的时候，想了一个小办法。每次想要上网时，都会想"等会儿自习回来，可以好好上个够。到时候没有任务，玩得更尽兴"。当我冒出这个快乐的念头时，并不会因为暂时上不了网而难受，于是更容易完成计划。

我之前都试图简单粗暴地拒绝自己的欲望，告诉自己不要在上自习之前上网。这种与欲望进行的思想斗争会让我难受，所以很难坚持。我后来就像大禹治水那样，由堵变成了疏，这就容易多了。有了这个办法，我基本可以完成学习计划，相信最后一定能考上复旦大学。

面对诱惑时，不是痛苦地想着"现在不能"，而是高兴地想着"以后可以更快乐"，这种延迟满足的方法是一种挺好的应对措施。这让我想起了父母安抚孩子的情景。很多幼儿园小孩不懂事，经常无理取闹，比如看到什么玩具都要买，哪怕刚才已经买了不少玩具，现在还是想要更多。父母当然不应该溺爱孩子，满足他的无理要求。但是跟小孩讲道理的效果往往不会很好，他们更在意的不是道理，而是自己的感受。有时候孩子和父母互不相让，这样就很容易就形成僵局。

有经验的父母不会强硬地拒绝孩子，强调"已经给你买了够多了""不能买""你躺在地上打滚是没用的，快给我起来"，而是会说"以后再买这个玩具"或者"待会给你买个冰糖葫芦"之类的话，这样孩子听了觉得高兴，就更容易接受。

人的欲望和潜意识，就像不懂事的小孩子一样，对道理并不感兴趣，在意的只是"爽不爽"。这种延迟满足的应对措施更容易被潜意识所接受，从而更容易执行。

在执行学习计划时，有时会出现心烦学不下去的情况，针对这个问题，很多读者也想到了应对措施。

【读者龚明：好主意，我可以在遮单词的纸上写清华的英语缩写 THU。】

【读者黄雯：当学不下去的时候，我就会收拾整理屋子，调整状态。如果这还不管用，那我就看看以前考砸了的卷子，整个人瞬间就充满了动力。】

应对措施对于工作也是同样重要。许多员工喜欢强调事情的难度大，推脱责任。就像以前的中国男足一样，从裁判到草皮，都能成为失败的理由。面对困难，老板和优秀员工不会找借口，而是会积极寻找应对措施，将其克服。

需要注意的是，有些人在制定计划时也想到了可能会面对的主要问题和应对措施，但是他们的应对措施却不是具体可行的方法，而是很虚的话，比如"要加倍努力""一定要管好自己"。具体如何做呢？一点都没有提。这种表决心式的应对措施显然是无用的。所以我们的应对措施一定要是具体的行动和方法。

二、体操全能王：心中演练

奥运会和世锦赛对于运动员极为重要。许多选手十年磨一剑，就为了这场盛事，在比赛时，难免因为紧张而出现失误。日本体操名将内村航平却没有这个问题，他以稳定的发挥而著称，是世界体操史上唯一实现世锦赛体操个人全能五连冠的选手。2009 年以来，他参加过 20 多次重要体操比赛的个人全能决赛，没有让一枚金牌旁落，完美地诠释了什么叫"独孤求败"，被称为"史上最佳体操选手"。该项目的运动员鲍伊屡次输给内村航平，后来无奈地表示："我生在了一个错误的时代。"

内村航平为何如此稳健呢？他在接受采访时告诉记者，每次大赛前，他都要在心中多次想象自己在比赛中把全套动作完成得十分顺利的情景，观众们都喜爱他，为他喝彩，让他享受到比赛的乐趣。普通选手只在赛前练习动作，但是他却既练了动作又练了心理，自然就更容易有良好的发挥。

我的学生魏永文，在考试时经常因为过于紧张而发挥失常。我告诉他内村航平的事例之后，他每次考试前，都会想象自己在考试中镇定自若的样子，甚至会想象自己在考试中出现的笑容。最终他的确在考试中有了更好的发挥。

【读者"七宝琉璃宗宗主"：我在考驾照前用了这种方法，效果拔群！】

这种心中演练法不仅可以用于考试，还可以用在平时的学习和工作中。每次制定计划后，我都会在心中想象一下，自己如何使用应对措施，战胜可能会出现的主要问题。比如想象因为害怕闹钟吵醒父母而快速早起，或想象拒绝别人打游戏的邀请。

我还曾用心中演练法克服恐惧。我是无神论者，认为世界上没有鬼，可是我在走夜路的时候，也难免会觉得害怕，特别是看完恐怖片之后，更是如此。这时我会用力握紧拳头，感受到手臂充满力量，想象着在遭遇鬼怪时将其痛扁一顿，边打边骂："砂锅大的拳头你见过没有？你把我吓得那么惨，逼得我用出最大的力气把你揍扁……管你是人是鬼，先打趴下再说！"

如此演练一番后，我顿时变得勇气十足，即使刚看完最恐怖的鬼片，也不会害怕。有时我还会想到一种更诱人的情景。"如果抓到鬼的话，这可是人类历史上最伟大的发现之一，什么诺贝尔奖之类的根本不在话下……现在很多新药专利都价值上亿美元，鬼的价值可绝对不在此之下，简直就是一座金山，难道我能放跑它吗？"想到这里，我不但不会害怕，甚至有些兴奋和期待。

我们还可以通过这种在心中多次演练的方式培养良好的习惯。习惯的力量非常强大。绝大多数时候，人都在不知不觉地按照习惯行事。在工作和生活中，优秀的人往往极少用到自制力和意志力。因为他们已经养成了良好的习惯，心中很难产生贪玩儿之类的念头，既然都没有这样的念头了，那自然就不必思想斗争。

绝大多数人都想养成良好的习惯。但是很多时候，即使这种愿望和决心非常迫切，也还是会失败。因为愿望和决心所产生的热情虽然强，但往往只能维持几天。而养成良好的习惯一般需要 20 次以上的行动，这通常需要几周的时间。正是因为存在时间差，所以经常会出现计划失败的情况。怎么打破这种局面？我们可以运用心中演练法，在充满热情的时候，多次想象自己按照好习惯行事的情景，越清晰具体越好。这样可以把这套按照好习惯行事的程序，输入我们的潜意识中，使之成为默认习惯。

读者邢刚在看了心中演练法的介绍后，觉得很好，想用这个方法来戒除网瘾和电视瘾。他向我询问："涛哥，怎样才能想象自己克服网瘾和电视瘾的情景呀？我总是想象不出来具体的情景。"

我回答他："办法总是有的。如果凭空想象不出来，那就借助道具好了。比如可以坐在电视机前，手里握着遥控器，眼睛盯着黑黑的电视机屏幕，用意志力控制自己不去打开它，培养自控的能力和习惯。一开始可以训练五分钟，之后可以逐渐加长时间，如果能够坐在电视机前半小时，啥也不干，就是不打开它，那以后就不容易受到电视的诱惑了。"

读者袁庆很喜欢这个方法，说道："我特别想改掉赖床的习惯，所以就在睡觉之前反复练习快速地起床和穿衣服。现在我一听见闹钟响，就条件反射一样从被窝里蹦出来，还没想好赖床的借口，就已经穿好了衣服。"

　　实现目标的道路，往往不会一帆风顺。在做计划的时候，就想好可能会遇到的主要问题，想好应对措施，并在心中多次演练，有利于完成计划。反之，如果在做计划的时候，不考虑可能会遇到的主要问题和困难，没有应对措施，那往往只是一厢情愿的妄想，稍遇阻碍便失败了。

　　如果士兵未经训练，直接上战场，只能被屠杀。如果学生未经训练，直接去考试，只能不及格。在执行我们的计划前，也需要在心中演练可能会遇到的主要问题和应对措施。其实这个方法用起来很简单，而且在养成习惯以后，就不必再用。

　　有些读者虽然希望进步，但是会因为怕麻烦而不愿意尝试某种看上去不错的方法。这样的人，不是真想赢。真想赢的人，只要觉得某种方法可能有用，便会毫不犹豫地尝试。

第二章

如何确立合适的目标并将其实现

一、王阳明的远大志向

1905 年，日本海军大将东乡平八郎回到了本土，作为日本军事史上少有的天才将领，他率领装备处于劣势的日本舰队在日俄战争中全歼俄国太平洋舰队和波罗的海舰队，成为了日本家喻户晓的人物。

由于他在战争中的优异表现，日本天皇任命他为海军军令部部长，将他召回日本，并为他举行了庆功宴会。

在这次宴会上，面对着与会众人的一片夸赞之声，东乡平八郎默不作声，只是拿出了自己的腰牌，示与众人，上面只有七个大字：

一生伏首拜阳明。

王守仁，字伯安，别号阳明。

成化十七年（1481），十岁的王守仁离开了浙江，和全家一起搬到了北京，因为他家的坟头冒了青烟，父亲王华考中了这一年的状元。

这下王家更是了不得，王华的责任感也大大增强，毕竟老子英雄儿好汉，自己已经是状元了，儿子将来就算不能超过自己做个好汉，也不能当笨蛋。于是王华请了很多老师来教王守仁读书。

十岁的王守仁开始读四书五经了，他领悟很快，能举一反三，其聪明程度让老先生们也倍感惊讶，可是不久之后，老师们就发现了不好的苗头。

据老师们向王状元反映，王守仁喜欢舞枪弄棍，读兵书，还喜欢问一些稀奇古怪的问题，写一些莫名其妙的东西，有诗为证：

山近月远觉月小，便道此山大于月。

若人有眼大如天，当见山高月更阔 。

在先生们看来，这是一首荒谬不经的打油诗，王华看过之后却思索良久，叫来了王守仁，问了他一个问题：

"书房很闷吗？"

王守仁点了点头。

"跟我去关外转转吧。"

王华所说的关外就是居庸关，敏锐的他从这首诗中感觉到了一种难以言喻的玄妙，他第一次认识到，自己的这个儿子非同寻常，书房容不下他，王华便决定带他出关去开开眼界。

这首诗的名字是《蔽月山房》，作者王守仁，时年十二岁。这也是他第一首流传千古的诗作。

此诗看似言辞幼稚，很有打油诗的味道，但其中却奥妙无穷。山和月到底哪个更大，这个十二岁的少年用他独特的思考观察方式，给出了一个似是而非的答案。

他的这种思维模式，后世有人称之为辩证法。

王华作出了一个不寻常的承诺。当时的居庸关外早已不是朱棣时代的样子，蒙古骑兵经常出没，带着十几岁的儿子出关，是一件极其冒险的事情。但王华经过考虑，最终兑现了自己的承诺。

不久之后，他就为自己的这个决定追悔莫及。

在居庸关外，年少的王守仁第一次看到了辽阔的草原和大漠，领略了纵马奔腾的豪情快意，洪武年间的伟绩，永乐大帝的神武，那些曾经的风云岁月，深深地映入了他的心中。

一颗种子开始在他的心中萌芽。

王华原本只是想带着儿子出来转转，踩个点而已，可王守仁接下来的举动却让他大吃一惊。

不久之后的一天，王守仁一反常态，庄重地走到王华面前，严肃地对他爹说：

"我已经写好了给皇上的上书，只要给我几万人马，我愿出关为国靖难，讨平鞑靼！"

据查，发言者王守仁，此时十五岁。

王华沉默了，过了很久，才如梦初醒，终于做出了反应。

他十分激动地顺手拿起手边的书（一时找不到称手的家伙），劈头盖脸地向王守仁打去，一边打还一边说：

"让你小子狂！让你小子狂！"

王守仁先生第一次为国效力的梦想就这样破灭了，但他并没有丧气，不久之后他就有了新的人生计划，一个更为宏大的计划。

王华的肠子都悔青了，他万想不到，自己这个宝贝儿子还真是啥都敢想敢干。

也许过段时间，他就会忘记这些愚蠢的念头。王华曾经天真地这样想。

也许是他的祈祷产生了效果，过了不久，王守仁又来找他，这次是来认错的。

王守仁平静地说道：

"我上次的想法不切实际，多谢父亲教诲。"

王华十分欣慰，笑着说道：

"不要紧，有志向是好的，只要你将来努力读书，也不是不可能的。"

"不用了，出兵打仗我就不去了，现在我已有了新的志向。"

"喔，你想干什么？"

"做圣贤！"

这次王华没有再沉默，他迅速做出了回复——一个响亮的耳光。

完了，完了，一世英名就要毁在这小子手里了。

——《明朝那些事儿》[①]

后来发生的事情与王华所想的完全相反，恰恰因为王阳明在少年时期立下了远大的志向，所以他为之奋斗一生，最终成为了历史上伟大的思想家、军事家、政治家，"立德、立功、立言，皆居绝顶"。由此可见，远大的目标和志向，对于成才是非常有好处的。

[①] 当年明月：《明朝那些事儿第3卷》，浙江人民出版社，2017年。

我认为，在制定需要几年或者几十年才能实现的长期目标时，可以把目标定得稍微高些、难些。这样做有三大好处。

1. 求其上者得其中

有一句古话说得好，"求其上者得其中"。一个人如果在高一、高二时就朝着北大、清华、中大、厦大之类的 985 名校努力，即使最后没考上，也往往能去一所不错的重点大学。如果目标只是一本院校，最后往往要去二本。我的堂妹吴小薇就是一个典型的例子。她在高二上学期的时候仍然缺乏目标和志向，虽然在一所重点中学读书，却抱着随便混日子的心态，对自己的要求极低，成绩由入学时的全班第七名一路下滑至二十名外，照这样子下去，恐怕连上一本都难。

我的伯父很着急，希望我教他女儿一些学习方法。但我看出来，问题的根源并不在于缺学习方法，而是缺乏一个能让她有激情有动力的目标。

怎么办呢？我便和她聊了一聊以后她想从事的职业和想过的生活，鼓励她给自己定一个长期的目标，比如想考哪所大学。

吴小薇在此前一直只顾着玩，对未来一片迷茫，和我谈话后，她终于给自己定了高考的目标——北京大学。虽然我挺支持她制定稍微高些的长期目标，但是听到这个目标时，还是觉得难度过大。她现在毕竟只是全班第 21 名，离北大太远了，武大或者厦大对于她来说都算很难了。

不过有理想总比混日子强。考北大的目标让她充满了激情和斗志，她一改之前的颓废和堕落，开始努力学习。逆袭并不是一件容易的事情，中间充满了反反复复的挫折和失望。经过了一年半的努力，吴小薇终于成为全班第三名，考入了北京外国语大学。

"求其上者得其中"，吴小薇虽然没有实现考上北大的理想，却也取得了极大的进步。更重要的是，有了理想和目标之后，她的高中生活比之前过得充实和快乐。高中的学习任务很多，她之前以混日子的心态，被动地学习，觉得整天都在被迫做自己不想做的事，活得很累、很痛苦。自从心中有了理想的火种，她面对学习变得更加积极主动，更容易体会到学习过程的成就感和乐趣。

2. 永无止境

长期目标定得高，可以防止自满和松懈。我在初一的时候，定下了考入本校（市重点中学）重点班的目标。这个目标并不难，只要进入全班前 20 名即可。所以初三上学期我成功进入班级前 10 名后，便产生了骄傲自满的情绪，缺乏前进的动力，又开始经常上网、看电视。

初三时，全省最强的省重点中学 H 中举办了选拔考试。我当时处于松懈的状态，基本没有复习，以四分之差错过了进入 H 中重点班的机会，实在是令人后悔和惋惜。

缺乏比较高的长期目标，不仅让我丧失了更上一层楼的机会，而且还让我自满和松懈，成绩出现了明显下滑，连原来的目标都保不住。以我当时的成绩，只要不退步几十分，就肯定能上本校的重点班。我觉得这是十拿九稳的事情，于是开始放松。中考前的"五一黄金周"，爸妈出国旅游，只有奶奶在家中，根本管不住我，我就开始疯狂地上网、看电视和打游戏。七天的假期，我的学习时间不超过四小时。而且我越玩越上瘾，爸妈回来以后，我的玩心已

如脱缰的野马。所以后来的时间里我也没怎么学习，只是在考前三天突击背诵了政治，基本没复习数理化。

中考成绩出来了，我的总分还是很高，上重点班绰绰有余，所以我非常安心。到了分班结果出来的那一天，我在家上网，懒得去学校，爸妈就帮我去看结果。他们在重点班的榜单上，看来看去都看不见我的名字。正在纳闷之时，我的一位初中同学黄伟（化名），他认识我的父母，指着普通班的榜单对他们说："吴业涛不在我们重点班，他在那里！"原来是学校临时增加了规则，想进重点班不但要看全科总分，而且要看数理化的成绩。我没好好复习，虽然政治等科目依靠突击复习考得不错，但是数理化的成绩比重点班的分数线低了两分。黄伟总分比我低很多，但是数理化的成绩比我高几分，所以他上了重点班，而我只能去普通班。

据父母说，当时黄伟跟他们说话，高兴得都快跳起来了，笑得嘴都合不拢。这副幸灾乐祸的样子令他们非常反感，心情更加沮丧。而面对同学的嘲讽，我也只能怪自己成绩太差了。

到了高中，我吸取了经验教训，不让自己因为缺乏更高目标而松懈。高一时，我成绩很好，便定下了上清华的目标，在日记中认真地写下"我心永往，水木清华"。这个目标使我不断进取，即使获得了班级第一，也不会满足，而是想着进一步获得年级第一。获得年级第一后，我很开心，但不会因此而松懈。为确保考上清华，还想着更进一步，要比年级第二名多考 20 分以上。正是这种积极的上进心，让我最终在高考中超过了清华的分数线。高考成绩出来以后，北大、清华、中科大和复旦大学的招生老师纷纷打电话到我家，介绍他们学校多么好，希望我能报他们学校。

3. 发挥潜力

设定稍微高一点的长期目标，才不至于埋没自己的潜力。如果想都不敢想，试都不试，那是肯定没戏的。

来自广东塘厦初级中学初一（五）班的读者蔡思敏，正是被目标和志向激发了潜力。

三年之约

梦想，自从我降生于这个世界上，我就没对人提起过。

我很迷茫，不知道自己学习为了什么，不知道自己对什么感兴趣，不知道何为我的梦想。每次听到同学们谈论自己的理想时，我的心都很不是滋味，感觉缺了点什么，空落落的。"你的梦想是什么？"他们问到了我，我只能应付性地回答："以后赚大钱。"赚大钱真的是我的梦想吗？虽然我是一个较现实、

理性的人，可我也并不如此"惜财"啊！很多人都想赚大钱，我也不例外，可这并非我的梦想。

　　渐渐长大，却越显得"无知"了。身边的人都有他们喜欢做的事情，都有他们的梦想去实现；而我，却只能在原地纠结，我到底喜欢什么？我的梦想到底是什么？可以说我一点爱好都没有，对什么事情都提不起兴趣，自然没有梦想，更加没有实现梦想的打算和过程。我太"实际"了，每当别人对我谈论他们的梦想时，我总是时不时地泼冷水："这个职业不好，不赚钱。""这样子一点都不好，工作会很辛苦的。""哦不，看起来这个工作环境不好啊。""不行，这个目标太远大了吧？估计办不到。"

　　我认为当时"实际"的我很傻，他们有梦想，我何必要去泼冷水呢？去鼓励他们，让他们积极向上岂不更好？令我记忆犹新的是，好友向我诉说梦想时，我照例泼冷水，好友却摇摇头，笑道："不，平时你那么聪明，怎么这你就没明白呢？你说辛苦，试问你去做一件喜爱的事情，你会觉得苦吗？简直是乐在其中！许多人都巴不得的！至于赚不赚钱，如果一个人会对自己喜爱的事考虑这个问题，这还能算是喜爱吗？目标远大，正是我们的动力！何乐而不为？"

　　遇到"学习党"后，我就对此不再迷茫。"学习党"是当时我们六年级一些成绩优秀的学生组织的一个学习小组。他们邀请了我，我便答应了。当时并没有意识到，这是我对于梦想认识的一个大转折。

　　"学习党"都是一些有着远大志向的热血少年。一开始他们说要考哪所重点中学时，我也没少泼冷水，劝他们说别想太远了，可我也看出来他们是认真的，被他们这种精神所感染了。

就是在这时我才发现，我常常将我的不自信安在别人的身上，泼冷水就体现出我的自卑。

从此我们一起努力学习，争取考上重点中学。说实话，在遇到他们以前，这是我想都不敢想的。只有考上重点中学，才能改变自己的命运。我以前觉得自己根本就没有能力能够考上重点中学！遇到这群热血少年后，我和他们一起全身心投入到学习中，突然发现我爱上了学习，不再像以前那样颓废，不再混日子了。

我有了梦想，有了目标。我知道自己有能力考上重点学校，我要向目标前进！我很感谢以前的自卑与激情，自卑虽说是负面情绪，可它让我产生了斗志，我要考上好学校，证明我自己；激情是正面情绪，可是也要用在对的地方，而我把激情用在了与"学习党"的小伙伴一起互相学习、互相竞争上，这也是我最开心的一段时光。

小学毕业了，我们"学习党"的各位小伙伴就此分别。大家都去了较好的学校，这得益于我们制定的远大目标和对学习积极热情的态度。不同校的我们始终没有解散这个团队，也没有断开联系。我们依然在一起学习，依然在一起竞争！我们订了一个三年之约：三年后，向市内重点高中进军！

我想，我会做到的。三年后，我们在那里相聚！小伙伴们一起加油吧！共同实现我们的梦想！

人生在世，难免会有许多欲望，这是人之常情。年轻人正处在充满潜力和无限可能的时候，在自己的人生中，有谁不想拥有好学历、好工作、好房、好车、好伴侣和良好的认同感呢？有谁不渴望

实现自己的理想和价值呢？又有谁甘心美好的事物只能被他人拥有呢？虽然每个人的起点不同，但是大家都有潜力，没有人一生下来就注定一辈子要比别人过得差。我认为，人在每个年龄段都要干这个年龄段该干的事情，年轻人正处于精力最旺盛的时候，应该为理想而拼搏，充分发挥自己的潜力。

需要注意的是，我虽然提倡大家要把长期目标定得高些，但是并不是越高越好，而是要考虑到自己目前的基础和时间。

许多读者经常会通过百度贴吧或者新浪微博问我："现在只剩XX天了，我还差XX分，还有希望吗？"初中时学的内容少，所以有些人能取得惊人的进步。高中时学的内容多，普通人通过一年的努力，进步100—200分已经是特别厉害了，不应该设立那种100天进步100分，或者一年进步300多分的目标。我不否认世界上有极少数天才能做到这一点。但是做到这点，不仅需要努力，而且需要极高的天分或者极强的运气，这对于绝大多数人并没有借鉴意义。

一提到脱离实际的目标，我就会想起那位北大学一食堂门口的老人。

二、我在北大遇到的奇人——"老顽童"周伯根

学一食堂物美价廉，是北大人气最旺的食堂。我每次去学一食堂，都能在门口看见周伯根。他是一位引人注目的怪大叔，个子瘦小，穿着一身旧军装，腰杆挺得笔直。每天中午和傍晚食堂开饭的时候，他都会骑着一辆破烂的自行车，不知从什么地方赶

到学一食堂的东门外，然后把一面蓝色小旗插在车上，几沓传单一字排开放到地上。

他的小旗十分简陋，就像是一条从垃圾桶里捡来的大裤衩，上面写着"神舟飞船有一室一厅方案 de 提出者"，文字的内容荒诞不经，而且用"de"代替"的"更是莫名其妙，让我看了觉得有点搞笑。

周伯根待人热情有礼，经常会微笑着问候过往的师生："吃饭了吗？""你学什么专业的呀？""天冷要多穿衣服。"

虽然他很开朗健谈，但是绝不会向大家吆喝推销自己的传单，而是站在离传单三五米远的地方，看到有人感兴趣了，才会走过去进行介绍。所以我在北大待了好几年，都不知道他的那些传单上到底写了什么。

日复一日地从他身边路过，有一天，我突然萌发了好奇心，很想好好了解一下这位奇人，于是便在他的材料前驻足观看。这些简陋的材料是由手写稿复印出来的，字迹有些难以辨认。我仔细看了看，上面写着许多奇怪的话，比如"神舟飞船有一室一厅方案 de 提出者""单身数十年""曾到世界各大名校进行学术访问，香港大学和印度新德里大学等名校都争相聘请本人"。

与周伯根打招呼的人很多，但看他材料的人挺少。见我看他的材料，周伯根非常高兴，以极快地语速介绍自己的各项成果，"曾向美国总统呼吁世界和平""曾向国家领导人提议 2020 年中国拿出大型商业飞机""将邀请多国领导人访问北大""如果让我当上北大副校长，北大就能在 12 年内成为世界一流大学"。

我感觉周伯根的话不接地气，不过他的逻辑思维很清晰，讲的东西并非毫无可取之处。我问了他几个问题，他却不曾理会我，而

是特别兴奋地发表自己的见解。讲到他为中华民族规划的宏伟蓝图时，他更是激动，音调明显提高，语速也逐渐加快。他口若悬河，滔滔不绝，旁若无人，却又因有人在听而欢喜。

平时别人发传单的时候，我出于好心，都会拿走传单。听他讲完后，我就顺手拿走一张传单。不过周伯根却是非常不舍得，反复叮嘱我："看完一定要拿回来。"

从此，每次路过学一食堂的时候，他都会充满笑容地跟我打招呼，"天冷要穿外套""快去吃饭，晚了饭就凉了""年轻人要朝气蓬勃"。他的热情关心，让我感受到了温暖。

周伯根虽然落魄，却经常给北大师生带来欢乐和惊喜，深受广大师生的喜爱。春天的时候，他会指着学一食堂前的那株桃树，对过往的同学喊道："春天来了，桃花开了，赶快来拍照啊！""三七女生节"的时候，他会摊开一张白布，上面放了许多柚子，送给路过的女生。

到了圣诞节，周伯根更是会隆重打扮一番。他不知从哪里搞来一套圣诞老人的衣服穿上，红色的帽子、红色的上衣、红色的裤子，还有雪白的长胡子和白手套。周伯根就这样蹦蹦跳跳，不停地向过往的学生喊着"圣诞快乐"，一边喊着，一边发一些糖果。他不仅打扮自己，还不忘给身边的那棵树挂上彩带和画片，装扮成圣诞树的样子。有学生上前给他拍照，他会非常配合地摆起造型。

他还是一位非常有正义感的人。有一次，一名学生和快递公司的人闹了纠纷，久拖未决，双方在学一食堂附近打了起来。当时周伯根正准备收摊回家，见状赶紧冲上前去劝架，和其他同学一起将两人拉开。那一刻，他完全是一名热心的大叔，而不是什么宣称自

己设计了"神舟飞船一室一厅"的怪人。

　　北大提倡兼容并包，所以保安平时并不会为难这位老顽童。但是当外国元首参观北大的时候，保安会请周伯根离开。周伯根却特别想和外国元首进行"学术交流"，怎么都不肯走。保安们只好把他抬出校外。在一次次与保安的较量中，周伯根保持了一名"钉子户"的本色。为防止小旗被抢走，他甚至将它缝在了身上，做成了一件别致的背心。他就像一颗韧劲十足的钉子，虽然渺小，但谁也无法忽视和撼动他的存在。身强力壮的保安面对这个瘦老头，也往往很无奈。

　　日复一日，年复一年，周伯根居然风雨无阻地在校园里坚持了十多年。他不是大人物，但在北大的知名度绝不亚于校长，被称为"北大NPC"。所谓NPC（Non-Player-Controlled Character，非玩家控制角色），就是游戏里面那些总是出现在固定场合的人。

有一天，我在看师妹发的帖子的时候，得知这个 NPC 做出了一个惊人之举。

周伯根居然真的来找我了……

第一次见到周伯根，还是在我大一那年。作为刚入校的新生，我对北大的一切都充满好奇。偶然一次经过学一门口，就看见了一个瘦瘦的老头，站在一辆破旧的自行车旁，面前的地上摆着一摞一摞的传单，车的后座上还打着一面蓝色的旗子。

那一天我吃过午饭，又没什么事做，便好奇地蹲在地上看起他的传单来。想来他已在那儿站了许久，很多人从他身边走过，都视他如空气，好不容易看到有个人对他的传单感兴趣，他就立刻带着热情的笑容走了过来。

"同学你好！有兴趣的话就拿几份回去看吧！"

这是周伯根对我说的第一句话。而这时我也已大致看清了传单上的内容。我觉得有些四六不着，已经打算离开了。可是一站起身就被他的气势震到了。他那种急切想要找人说说话的表情让我觉得，反正也没什么事，不如就聊聊天吧。

然后就听到了那个北大学子熟知的故事：经常受邀去国外开学术研讨会，梦想是把北大建成国际一流大学，经常给党委书记和校长写信提建议……

对于他说的一切，我都很是怀疑。可是他脸上认真的神情又让人不忍心当面质疑，在他的强力推荐下，我把他挑选出来的几张传单带回了宿舍。周伯根对他的宝贝传单是很有讲究

的——你喜欢，你才可以带回去。如果不喜欢了，不要扔掉，一定要拿回来还给他。后来我没扔也没还，担心还回去会让他难过。但传单终于还是在毕业的时候不知所踪。

也许是印这些传单不容易吧。周伯根看起来并没有什么钱，事实上他甚至可以用穷酸来形容。一直不变的简朴打扮，老旧的自行车，还有他的那面宝贝旗子。听说有一次有人看见他在食堂里啃馒头。还听说他没有家人，自己一个人生活。这些传闻我都没有向他求证，但可以确定的是他已经坚持在学一东门宣传他的理念十年了，无论刮风下雪，春夏秋冬，几乎每天中午和下午的饭点，他都会准时出现在老地方。他将这称为他的"学术交流活动"。如果偶尔有那么几天没看见他，事后问起来，他八成会说：

"哦，我又去XX大学做交流了，他们邀请我过去开研讨会……"

第一次和周伯根的相遇，并没有让我对他产生多大好感。甚至觉得他有点儿神经兮兮。但第二天经过学一门口，他热情地远远向我喊道："同学！吃饭了吗？"出于礼貌，我便也停下脚步，说了声"老师好"。我想他心里一定希望别人称他为老师。果然这个称呼让他很高兴。

后来这便成为我们之间的一种默契。只要经过学一食堂，遇见他在，就会停下来打个招呼。他最爱问我"吃饭了没，吃了什么"；有时看见我端着饭盒，还会催我"赶紧回宿舍吃，别凉了"；冬天看见我没戴手套，会提醒我记得要戴手套不然手会冻到。有时出门吃饭晚了，恰逢他收摊，他也会用长者关怀小辈的口气责怪一番，嘱咐我应当按时吃饭云云。

　　有时课不多，也会停下来和他聊聊天，听他扯扯皮，说些他喜欢的国际经济政治，或者是他又去了哪里做学术访问。虽然明知很不靠谱，但我都会顺着他的话附和几句，微笑着听他把话说完。他时不时地会问一下我的学业情况，关心我爸爸妈妈是不是都健康，还让我代他向他们问好。

　　毕业前，我特意去学一门口看望了他。他听说我要毕业了，很是为我高兴。问我毕业后的去向，我告诉他：明年3月就要去新加坡当老师了。他欣喜道："啊，那太好了！我明年也要去新加坡开会呢，那边的新加坡国立大学和南洋理工大学邀请我去做学术交流……"

　　我微笑着和他告了别，叮嘱他要保重，注意身体。就像以往无数次一样，我没把他的话当真。因此听过之后，也没怎么放在心上。

　　谁知，半年后，也就是今天，我竟收到了新加坡国立大学师姐的口信：有一位周老师来新加坡国立大学找我。

　　我愣了两秒钟，忽然反应过来可能就是周伯根。据师姐描述，他很瘦，穿得很破，看上去像是走了很远的路。他为了找我，一路打听过来，把学校翻了个底朝天。后来终于找到可能认识我的人，叮嘱她转告我去找他。

　　没想到，他说要来新加坡，居然是真的！

　　可是他那么大年纪的一个人，也不知究竟是怎么过去的。但应该是吃了不少苦头。我想让师姐帮忙转告他，我还没到新加坡呢，时间改到8月了。而且我不去国立大学，我去的是南洋理工。他这样找是找不到的。

　　可是师姐说，他已经走了。

又听新加坡的另一个同学说，老人家到了新加坡没地方住，第一个晚上还是她帮忙安排的。现在往南洋理工去了，也不知道能不能找到校友帮他安顿一下。

我想象着他一个人坐在新加坡陌生的地方，期盼着我出现的样子，鼻子忽然一阵发酸。

现在只希望他能在新加坡玩得愉快，然后平平安安地回北京。将来有机会回北大，如果他还在老地方的话，我一定会去看望他。虽然在很多人眼里，他不过是北大四大 NPC 之一，但在他的世界里，他就是自己的主角。

附评论：

【根叔的巅峰之作就是汶川地震时，把他的小旗降了半旗，那种感觉真是万箭穿膝盖……】

【他跟我说："姑娘吃胖点不要减肥。"】

【我还有幸在北大校医院跟他一起挂吊瓶，他当时感冒很严重，但依然饶有兴致地给我讲他的设计。】

【不常去学一。不过记得一次拎着水壶水果一堆东西，打算去打饭，伯根叔看我站在门口犹豫，说："同学，放我这里，去吃饭吧，我看着呢。"我就把东西寄存在他那里了。不知道他近来身体怎么样了。】

周伯根是一位可爱又可敬的老人。他为理想的付出和坚持，他对陌生人的热情友善，都非常值得我们学习。有理想本是好事，遗憾的是，他把目标定得太高太难，完全脱离了他的实际情况，以至于不断受挫。天下大事做于细，天下难事做于易。如果他先从一些容易的小事做起，情况也许会大为不同。

理想既能带来动力，又能带来压力。我在贴吧回答读者问题时，也经常会遇见有人问："浙大是我的理想，可是现在离浙大还差 200 分，只剩不到 200 天了，压力特别大，心里很烦躁，学不下去了，怎么办？"

有理想本是好事，能激励我们前进。但是有时候理想却让一些人不堪重负，反而成为祸害。我认为，我们应该趋利避害，让理想成为替我们加油鼓劲的啦啦队员，而不是拿着鞭子折磨我们的监工。具体如何做呢？只要明确这一点：我们一定要为理想努力，但是理想不一定非得完全实现。

实现理想，除了努力，还需要运气、以前的积累和他人的帮助等因素。因此，理想往往是很难完全实现的。现实生活中，绝大多数人都无法彻底实现自己的理想。如果抱着"想要，就一定要得到"的想法，往往就会因为目标遥远而受挫，活得很累很痛苦。而且这种因为担心所带来的焦虑，会让人心浮气躁，欲速则不达。

比起"想要，就一定要得到"，我更提倡"想做，就一定要做到"。前者更关注未来的收获和结果，后者更侧重当下的付出和努力。人不仅要憧憬未来的美好结果，还要活在当下，体会当下的付出之乐。谋事在人，成事在天。学习和工作都需要好的心态，当下为理想尽力去做就好。因为担心得不到，而终日纠结和焦虑，反而会让我们离目标更远。求其上者得其中，我们一定要为理想去努力，但是理想不一定非得要完全实现。这是一种健康良好的心态，能让我们轻装上阵，有更好的发挥。

理想会鼓舞我们向高处不停攀爬，而良好的心态，就像是一条安全绳，能够保护我们不会摔伤，爬得更快更安心。

三、吃鲨鱼：制定容易实现的短期计划

新中国成立前，我爷爷所在的村庄曾陷入饥荒，全村人都吃不饱，瘦得皮包骨头。这时海边有一头重达两吨的鲸鲨搁浅。听到这个消息，全村的男女老少都乐疯了，在第一时间拿着刀和锅碗瓢盆蜂拥而至。那只大鲨鱼瞬间就摆脱了搁浅的痛苦。瓜分鲨鱼肉的场面声势浩大，比过节还热闹。

鲨鱼肉里的油特别多，一层层的，看上去就像五花肉一样肥美。要知道，那个年头大家连饭都吃不饱，更别提能吃到多少油水了。肥肉在当年极受欢迎，卖得比瘦肉贵不少，一年都难吃到一口。现在家家户户都能分到几斤肥肉，甭提有多开心了。

平时我们饿上几个小时，吃饭的时候往往会胃口大开，狂吃一通。长期挨饿的人遇到这么肥美的肉，又岂有客气的道理，都是恨

不得赶紧把肚子塞满。

不料吃完肥肉后，全村人很快就不停地腹泻，一天要往屋子旁的小树林跑十多次，把吃进去的全都拉了出来，变得更饿了。原本是个补充营养的宝贵机会，结果却让身体变得比原来还要虚弱。这是为什么呢？原来，饥民的肠胃都已经很久没遇到油脂了，无法一下子消化大量的肥肉。吃一点还没事，吃多了肯定就要腹泻了。这个道理，其实并不高深，很多人都知道，只是当时实在难以克制自己的冲动。

吃东西的时候不能急，定短期计划的时候也是如此。很多人有了考上名校的大目标以后，每天的学习计划往往定得特别高，以至于无法实现，挫伤学习积极性。这是最常见的一条失败之路。胸怀大志是好事，但是不可急于求成。一个初学跳高的人，无论多么渴望破世界纪录，也不能一下子就从世界纪录的高度开始练起呀。

切记，不要追求瞬间大跨越，只要每天进步一点点。在制定长期计划时，我们可以把目标定得稍微高些，激励我们不断前进；但是在制定短期计划时，应该将目标定得低一些。每天都能完成自己制定的简单计划，是一件很开心的事情，容易让人体会到完成计划的成就感和乐趣，从而慢慢变强，最终考上名校也是完全有可能的。

保研之后，我有一段时间很松懈，养出了网瘾、游戏瘾等许多坏习惯，事业和生活都是一团糟。这绝对不是我心目中希望的自己。于是我便想调整状态。

我很看重习惯的力量，想要培养出一身的好习惯。于是便列了一个培养好习惯的计划，规定自己每天都要检查一下是否做到了这些项目。

吴业涛培养习惯计划

1. 戒除非必要上网。

2. 不玩游戏。

3. 每天晚上 11 点睡，早上 7 点起。

4. 抬头挺胸，站坐有姿。

5. 热情主动待人，尽量帮别人，广结良朋，有好东西要积极和朋友分享。

6. 写字要工整。

7. 每天收拾整理屋子。

8. 每天归类整理电脑文档。

9. 每天写日记，每周写周总结，每月写月总结，每年写年总结。

10. 每周日主动打电话问候爸妈。

11. 饭吃八分饱，不吃零食和夜宵。

12. 每天梳头。

13. 每天早上给自己制定当天的工作计划，优先做重要的事。

14. 每天查找文献并至少精读一篇论文。

15. 每天跑步和健身。

16. 说话做事前勤换位思考，尊重他人，绝不能在背后说别人的坏话。

17. 多笑，笑对生活，笑看人生。

18. 凡事提前 5 分钟到场，不迟到。

19. 注意交通安全，走路骑车时绝不走神想东西，变向时要看周围。

20. 每周换洗枕巾、枕头套。

21. 每月看两本有益的书，做读书笔记。

22. 常怀感恩之心，有恩必报。

23. 看人多看优点，看事物也要多看积极的一面。

24. 世界不是围着自己转的，绝不能对他人有太高要求。

　　如果培养出这 24 条习惯，状态肯定会特别好，能够实现自己的目标和愿望。我当时定完这个计划以后，顿时觉得整个人雄心万丈，非常激动。我规定自己每天晚上睡前都要检查计划的完成情况，列出当天没做到的项目，加以反思和改进。可是，我很快就发现，没做到的项目远远比做到的多，都列出来太麻烦，只好列少数自己能做到的。

　　我原本是希望做最好的自己，把这些习惯尽快都培养出来，结果却是令我十分遗憾。我没有一天能够完成这个计划，甚至连一半都完不成，每次检查计划完成进度，都是对自信心的打击，我的激情很快就磨灭了。不到一周我就放弃了这个计划，甚至变得比原来更加懒散。

　　把短期计划定得太难，很容易打击自信心和斗志，实在是得不偿失。我吸取了这个教训，将计划进行了调整。同时培养这 24 个习惯不现实，于是我决定先做到其中最重要的一项，这就比之前容易多了。

吴业涛培养习惯计划

目标

不打游戏。

步骤

1. 隔绝诱惑。

不把电脑带回宿舍，这样就不会在宿舍打游戏。跟找我打游戏的同学明确说自己戒了。在手机通讯录里把他们的名字后面都加上绝不打游戏，以此提醒自己。

2. 替代诱惑。

想打游戏的时候就去打篮球，或者看书看杂志。

【读者"路飞吃拉面"：我看了这个以后，把几个好友的名字后面都加上了"爱学习"，比如"孙星爱学习"。这样他们每次给我打电话发短信，都可以提醒我要"爱学习"。】

这次，我几乎每天都能完成计划，每天都体会到完成计划的乐趣和快感，状态越来越好。

四、实现短期计划的小窍门

很多事情都是知易行难。例如饥民即使知道不应该暴饮暴食，也难以控制自己的冲动。同样的道理，人们一心想要赶快进步，很容易就会把短期计划定得很理想化，难以实现。哪怕明知道短期目标要尽量定得容易完成，也会如此。

如何才能将短期计划制定得更加合理呢？有四种方法。

1. 考虑近期表现

第一种方法是在制定短期计划时，要以自己近期的实际表现为标准，而不是以理想的完美状态为标准。习惯的力量是强大的，人很难在短时间内大幅度提升自己，所以我们制定短期的计划时，要求自己比近期的表现进步一点点即可。

我的堂妹吴小薇在定下考上北大的目标后，充满了激情和斗志，每天都制定当天的学习计划，规定自己再也不上网和玩游戏，要努力学习。我当时挺为她高兴的，觉得她应该能进步不少。可是没过多久，她却告诉我，她又开始刷微博玩游戏了，成绩一点儿都没进步。

这是怎么回事呢？原来她觉得之前荒废了太多时间，想要尽快弥补，恨不得把每一分钟都用来学习。以前她周末基本不学习，但是现在规定自己周末要学 11 个小时以上。这个变化显然太大了，基本不可能在短时间突然实现。她没有完成任何一个学习计划，很快就气馁了。虽然心里还是不甘心，却不愿再努力尝试了。

吴小薇周日学习计划表

上午

7：00—8：30　　背英语课文（　　　）

8：30—10：30　　做数学卷子（　　　）

10：30—12：00　　做语文专项训练（　　　　）

下午

2：30—5：00　　复习历史课本和错题（　　　　）

5：00—6：00　回学校（　　　）

晚上

7：00—9：00　做地理习题册（　　　）

9：00—9：30　回想当天所学内容（　　　）

9：30—10：30　做英语习题册（　　　）

10：30—11：00　背单词（　　　）

她很无奈地告诉我："阿涛哥，都怪我太懒，老是管不住自己，虽然很想改变，但老是做不到。"

我却不这么认为："这不是因为你懒，而是因为你太心急。长期的学习计划可以定得稍微难些，但是短期的学习计划，比如每天的学习计划，一定要非常容易，让自己每天都能完成，体会到完成计划的乐趣和成就感，这样就更容易坚持下去，然后再每天进步一点点，慢慢把计划变难。"

然后我跟她分析了一下她在下决心努力之前是什么状况，要以她以前的实际表现为标准，每天进步一点点就行，不必追求突飞猛进，那样反而进步不了。

吴小薇以前的周日学习情况

上午

9：00　起床

9：00—12：00　上网或者打游戏

下午

2：30—5：00　逛街（　　　）

5：00—6：00　回学校（　　　）

晚上

7：00—10：30　做老师布置的卷子或者习题册（　　　）

改进版吴小薇周日学习计划表

上午

8：00—9：00　背英语课文（　　　）

9：00—11：00　做数学卷子【选做】（　　　）

下午

2：30—5：00　打羽毛球（　　　）

5：00—6：00　回学校（　　　）

晚上

7：00—9：00　做语文专项训练（　　　）

9：00—9：30　回想当天所学内容（　　　）

9：30—10：30　做英语习题册（　　　）

10：30—11：00　背单词【选做】（　　　）

【选做任务没有任何强制要求，多做一点更好，不做也无所谓。】

吴小薇第一次定的周日学习计划，没有考虑到自己之前的实际表现，把自己想得太理想化，恨不得立刻变身学习机器，把每一分钟都用来学习。人的改变需要过程，突然变身显然是行不通的。我强烈建议她把计划定得更容易完成。她以前周日只学 3.5 小时，所以现在绝对不应该马上制定学 11 小时的计划，应该循序渐进，每次加 0.5—1 小时，以后自然会越学越久。（提倡每次进步一点点，所以一般每次计划只多加半小时，吴小薇因为之前学习时间实在是特别少，所以这次才增加了一小时。）

调整之后，她总算是能够完成学习计划，从而逐渐取得进步。

2. 设置均值目标

第二种方法是设置均值目标以便补救，这样就不会因为某一天表现不佳而崩溃。

我在北大遇到的一位师姐徐薇薇（详情可见拙作《秘笈：北大奇人怪招》一书中的"我在北大遇到的奇人——'九命猫'徐薇薇"），她从高中开始，每天都给自己当天的表现打分，即用当天的自习时间除以理论最大自习时间。比如周一晚上的理论最大自习时间是 4.5 个小时，假如她当天的自习时间为 4 个小时，时间利用率是 $4 \div 4.5 = 0.89$，时间利用分即为 89 分。按照她的标准，超过 80 分即为优秀，所以她就可以在台历上的这一天写上 89 分，并打个"优^_^"。她高中时间利用的平均分为 78 分，所以估计得到 80 分，就能上清华北大了。

理论最大自习时间是除去吃饭、洗澡、睡觉、路上和上课以外的时间。那当天的自习时间怎么算呢？一种按工作量来算，比如用

2.5 小时做了一份规定用时为 2 小时的习题，则将自习时间算作 2 小时。第二种是按实际时间来算，学了多少时间就算多少时间，像上面这个情况，就算作 2.5 小时。

应该采用哪种标准来统计自习时间呢？这与实力和状态有关。如果成绩优异，学习效率特别高，可以采用工作量的标准。这个标准更严格，更能促进高手精益求精。绝大多数学生，或者第一名的学生状态很一般时，应该采用实际时间作为标准。这个标准更容易，符合先易后难的原则。

徐薇薇设置高效利用时间的目标时，不会设置每一天的时间利用效率都在 80% 以上。如果这样设置目标，但凡有状态起伏，目标很容易就破产了，会让她产生挫败感，进而不利于后续的学习。她会设置均值目标，即每月平均时间利用效率在 80% 以上。如果这个月有几天情绪不佳，她可以通过其他时间的优秀表现弥补这几天的失误，不至于完不成目标。

我多次想养成写日记的习惯，虽然知道这是很好的习惯，但总是坚持不了几天。因为学习很忙，很容易由于这样那样的原因，使得某天没有写日记，一旦出现这种情况，我会感觉到养成这个习惯的努力失败了，很快就放弃了。后来我规定，某一天或者几天没写日记没关系，只要补上就好，这样我的日记本里每一天的记录都是完整的，我感觉到了成就感，很容易就养成了写日记的习惯，我最近四年来一直都在写日记，平均每天花 10 分钟左右。

自然界的动植物想要存活，就要有补偿能力。这样当身上出现伤口时，能通过补偿而使伤口愈合。我们的计划如果想要成功，也应具有类似的能力。否则一遇到突发事件，很容易就失败。均值目标更容易补救，也就更容易实现。

3. 分拆计划

第三种方法是将一天的计划拆成三个小计划，完成上午的计划后再根据当时的情况制定下午的计划，使得计划随机应变，更加灵活。轮船都有隔离舱的结构，这样即使船身某一处进水，也不至于整艘船沉没。将计划分拆成几个小计划，也可以起到类似于隔离舱的效果。

我读博期间，每天一到实验室便会制定当天的工作计划。但是我很快就发现，每天都会有各种各样的变数。比如有时候会突然开会，或者一项工作花费的时间比预计的长，经常就会打乱当天的工作计划。

怎么办呢？我便将一天的工作计划拆成上午、下午和晚上三个分计划。我每天上午会列出当天打算实现的目标，然后制定上午的工作计划。到了下午，我再根据上午工作的完成情况和当时的实际情况，制定下午的工作计划。船小好掉头，即使是遇到了突发情况，这种几个小时的小计划也比一整天的计划容易调整。其实不单是工作计划，学习计划也可以如此拆分。

10月15日工作计划

目标与估计所用时间

1. 给细胞更换培养液，并进行观察和拍照，2小时。【重要】

2. 查阅文献，2小时。

3. 联系基因测序公司送样品基因测序，0.5小时。

4. 联系实验试剂公司购买试剂，0.5小时。

5. 转基因实验，2小时。【重要】

6. 将细胞样品准备好，交给鼠房工作人员，1小时。【重要】

7. 工作汇报，1小时。【重要】

具体实施

上午

8：00—10：00

给细胞更换培养液，并进行观察和拍照（　　　）

10：00—12：00

转基因实验（　　　）

下午

因为转基因实验没有预想的那么顺利，上午没做完，所以下午继续安排时间做。

2：00—3：00

转基因实验（　　　）

3：00—4：00

将细胞样品准备好，交给鼠房工作人员（　　　）

4：00—5：00

联系基因测序公司送样品基因测序（　　　）

联系实验试剂公司购买试剂（　　　）

晚上

晚上因为突然听说有个重要的讲座，于是将查阅文献改为听讲座。

7：00—8：00

工作汇报（　　　）

8：00—10：00

听讲座（　　　）

4. 双标准计划

在制定计划时，如果把目标定得很简单，就不容易满足。总想把计划定得更难一点，怎么办呢？可以采用制定双标准的方法。

我曾规定自己每天要做 150 次俯卧撑。上午、下午、晚上各 50 次。我热爱体育锻炼，之前的最高纪录是一天 200 次俯卧撑，所以并不愿意把次数定得太低。

刚开始的几天，我能完美地实现计划，每天都做完 150 次，觉得很开心。可是到了后来，难免就遇上一些突发情况，比如身体略微不舒服或者有急事之类的。这样就容易打断计划，使我只能完成 50 次，体会不到实现目标的快感。

而且我在计划失败后的第二天也难以做 250 个俯卧撑，无法补偿之前少做的次数。如此一来，我很快就觉得没有成就感和乐趣，停止了锻炼。

不过只要有心，总会有办法的。我后来将锻炼计划改成了双目标，每天 50 次是良好，每天 150 次是优秀。如此一来，我每天都能轻松实现自己的锻炼计划，很容易就乐在其中，坚持了下来。这个计划我已经实施了半年，终于练出了多年以来梦寐以求的发达胸肌。

以前我打篮球，对方从来都不怕我。现在我在野球场打篮球的时候，每当我不小心犯规时，陌生球友的第一反应往往是要快速跑开离我三五米远，然后再惶恐地对我轻声说一句："你犯规了。"他们在说这话时，低着头，目光闪烁游离，一副生怕我发怒的样子。

认识我的人都知道，我是特别和善的人。从小到大都不打架，遇事尽量先让人三分，不愿意与人争吵。但是他们不认识我，看见一个高大的壮汉，难免就会心生畏惧。其实他们的畏惧完全是多余的，我看见他们的反应那么夸张，吓得跟个鹌鹑似的，觉得挺搞笑的。

在制定学习和工作计划时，也可以采用类似的双标准，确保良好，力争优秀。这样可以使得在执行计划时，不至于因为一点儿意外就失败，也就是所谓的具有容错性。

制定计划提倡长难短易，这就类似于军事上说的"战略上藐视敌人，战术上重视敌人"。成功之所以难，一是因为有些人缺乏上进心和理想，二是有上进心和理想的人又往往特别容易陷入急于求成、揠苗助长的陷阱，自己把自己玩儿死。

在听到《揠苗助长》这个寓言故事时，许多人都会觉得太假，怎么可能有人那么蠢。但是实际上，绝大多数人经常都在干这种蠢事。心中的愿望很迫切，在制定计划的时候把自己当机器，制定出一个需要完美表现才能完成的计划。可是人又不是机器。人的进步就像苗的生长一样，是一点点慢慢来的，如果揠苗助长，一心想着速成，那往往只会摧残自信，弄得自己伤痕累累，痛苦不堪。实际上，在完不成计划后，不应怪自己懒，而应怪自己太心急。

我们既要有理想和上进心，又要避开急于求成的陷阱，每天给自己制定容易完成的计划，体会到完成计划的快乐。每天进步一点点，才是王道。

制定简单的短期计划，看似非常容易，实际上却特别难。一是需要当事人对自己目前的实力有一个正确清醒的认识，二是当事人既要有上进心，又要战胜想要速成的贪欲和浮躁。这是对心灵的一种很好的修炼。如果一个人能做到这一点，可以说，他已经具有了某种大智慧。

第三章

如何战胜成功之路上的阻碍

一、当蜥蜴遇见蛇：善于吸取经验教训

动物行为学家约翰·阿尔科克在《动物行为学》一书中记录了一种非常有趣的动物行为。当蛇试图捕捉蜥蜴时，蜥蜴会突然做俯卧撑！是的，俯卧撑！更不可思议的是，蛇会暂停捕猎，很认真地观察蜥蜴能做多少个俯卧撑，因为不同个体的蜥蜴做俯卧撑的个数不一样，通过数俯卧撑的个数能看出蜥蜴的逃跑能力。如果蛇发现这只蜥蜴能做很多俯卧撑，它也就不再费力气捕捉了。

科学家对此进行了实验研究。在蜥蜴旁边放置假蛇，蜥蜴就会做俯卧撑。于是研究人员用假蛇诱使蜥蜴做俯卧撑，并计数，然后再让蜥蜴跑圈。最后发现俯卧撑数和跑圈数之间确实是正相关的。也就说明，俯卧撑做得多的蜥蜴，的确更容易逃脱蛇的追捕。

【学生侯勇平：我觉得蜥蜴是在嘲讽，哈哈哈老子有腿你没有！】

　　不仅是蜥蜴，瞪羚也有类似的怪异行为。当瞪羚在被狮子追逐的时候，喜欢跳得很高，秀自己的白臀（纪录片中经常拍到）。表面上看，这其实降低了奔跑的速度，不利于逃跑，是一种愚蠢举动。

　　但动物学家们经过研究，惊讶地发现这种秀臀跳并非徒劳。瞪羚跳得很高以后，狮子有 50% 的可能性放弃追逐。这是因为瞪羚向狮子显示了实力，你看我多强壮，都不用全力跑，边跳边跑你也追不到。然后狮子可能觉得这只瞪羚太生猛了，确实难以捕捉，于是就放弃了。

　　蜥蜴和瞪羚的行为看似很离谱，其实却是捕食者和猎物的双赢——捕食者放弃追捕强壮的猎物，避免浪费体力；而猎物免于逃命，也节省了体力。相反，如果没有这项机制，两方追逐陷入僵持，将会使双方都疲惫不堪。

　　蜥蜴和瞪羚等动物并不具备高级智慧，但在无数次的经验教训之后，总结出了这一套行之有效的应对措施，代代相传。人类作为

高级智慧生物，更是很擅长总结经验教训，不断地进行改进。

本书序言中提到了轰炸机在迷雾中撞击帝国大厦的事故，这一事故使人们深深地认识到，高层建筑物顶上必须安装指示灯，以避免飞机在飞行中撞上。目前各国对于这一点都有相应的规定，现代的高层建筑物上都安装有灯光信标，在夜晚或能见度低的情况下也十分醒目。采取这种措施后，就再也没有类似的事故发生了。

实现目标的道路往往是漫长而又曲折的，执行计划的过程难免会遇到各种挫折和失败。我们不但要化悲愤为动力，越挫越勇，而且要在每次失败后都进行总结，找到主要问题并作出应对措施，不断改进。

二、坚决抵制诱惑

我在初一、初二时经常给自己制定各种学习计划，却总是难以实现。而且我缺乏认真的总结，往往只是笼统地将失败归结为"自制力不够强"，缺乏具体的改进措施，这样就很容易不断地失败，从而让人心灰意冷。

到了初三，我开始认真总结每个学习计划失败的原因，发现基本上都和网络、游戏或电视的诱惑有关。怎么办呢？既然我难以直接战胜诱惑，那就想办法隔绝诱惑呗。最简单的方法就是去教室上自习。于是我初三的时候虽然不住校，但是每天都去学校上自习，远离电视和电脑，我的学习效率大增，成绩也有了明显的进步。高中时，班上学习氛围好，自习课特别安静，我更是很积极地去上自习。哪怕多花一些时间在路上也是值得的。

到了高考前两周，因为当时我成绩很好，老师讲课主要面对的还是大多数人，我错误地以为听课收获少，于是就跟班主任请假，回家自己做题和看书。在家自学的时候，我一连好几天都无法完成学习计划。在高考冲刺的关键时刻，我难免会觉得很焦急和郁闷。这是怎么回事呢？我分析了一下原因，一方面是因为临近高考，心太急，所以把计划制定得稍微难了点；另一方面是我一回家就容易管不住自己，学了一会，就容易上网或看电视。于是我注意把计划定得简单一点，而且把家里的网线和插座全都拔了，然后用剪刀剪断，扔到楼下垃圾桶。这回我家彻底看不了电视，上不了网，我又可以安心学习了。

父母对我的破坏行为十分不满。我们班主任知道这事后，却觉得精神可嘉，将此事在班上大为宣传。我事后想起来觉得，这件事虽然精神可嘉，不过的确应该先跟父母商量，征得他们的同意，或者有更好的解决办法，比如让他们把网线和插座锁起来。此外还可以使用一些软件控制电脑的上网时间。

随着智能手机的不断发展，我在总结学习或工作计划的经验教训时，经常会发现，随时随地都可以上网的手机非常容易成为完成计划的阻碍。最简单有效的解决方法就是把手机换成不能上网的非智能机。另外，有一些免费手机应用，能够控制上网时间，也可以帮助解决这个问题。

【读者"我要考复旦"：我不用手机，就彻底不存在玩手机的问题了。】

【读者"青胤i"：家里已掐网快两年了吧，我手机从开学就没用过。】

三、总结问题，调整计划

许多人在计划受挫后，就放弃了，再也不愿意看一眼。我们不用担心，因为在萝卜计划的最后，有一项专门对挫折的总结。我们事先对挫折是有准备的，不至于一遇到困难就觉得失败了；相反，萝卜计划是在挫折中不断总结和改进的。

很多人做的总结只是在记流水账，或者鼓励一下自己，并没有多少作用。一个好的总结应该要提出具体的问题和有效的改进措施。

读者"手捧青阳"在我的百度贴吧"吴业涛吧"发了一个周总结。

这一周作业比较多，每天都要写到晚上 10 点多，还要复习错题，睡觉的时候已经 11 点多了。有很多额外的练习都没有做，英语听力也没有好好听，也没有好好进行体育锻炼。新的一周应该节约时间，不再把时间浪费到一些无用的地方，努力努力再努力！

这个周总结就是一个典型的无用总结，虽然指出了问题，"有很多额外的练习都没有做，英语听力也没有好好听，也没有好好进行体育锻炼"，但是并没有给出任何有效的改进措施，只是很空洞地说"新的一周应该节约时间，不再把时间浪费到一些无用的地方，努力努力再努力！"这只是一句空话，难以具体有效地执行。在我的建议下，他修改了这个总结。

　　这一周作业比较多，每天都要写到晚上 10 点多，还要复习练习，睡觉的时候已经 11 点多了。其实仔细想想作业也没有那么多，只是每天在学校课间和同学打闹，自习课上废话太多，把很多时间都浪费掉了。新的一周应该珍惜在学校的时间，课间简单活动后就坐在教室里认认真真写作业，自习课上也要努力克制自己，少说话，不理睬聊天的同学。在新的一周里，应该向成绩好的同学学习，不再盲目地写习题，而是让老师划一些重点题，根据自己的薄弱环节练习。英语听力现在听得也少，主要是因为晚上太晚就不想听了，针对这一情况，打算在每天早上起床后至上学前这半个小时听听力。最近一段时间也没有好好锻炼，总觉得下了晚自习就太晚了，不想在操场上跑步。和同伴商量后，决定放学快点收拾书包，然后两个人一起跑步，互相督促，鼓励自己每天坚持跑步。

本书读者"胖胖的龙猫 90"在执行减肥计划时积极进行有效的总结，取得了很好的效果。

　　这是我减肥的第二个月了，感觉进入了平台期，体重一直停留在某个固定的值。不管我运动还是不运动，肥肉就在那里，不增不减。不管我节食还是不节食，体重就在那里，不上不下。真的快哭了，这一个多月来，我觉得自己很坚持啊，每天都运动，即使下雨没法下去跑圈，我也会在宿舍走廊里跳绳，在床上做仰卧起坐。看到体重除了第一个月的那几个星期有所下降，现在基本没啥变化，就很沮丧。

　　但是我又不想放弃，都到这个阶段了，过了平台期说不定

　　我就能一路飚瘦，瘦成闪电！开玩笑啦，其实是看到有人坚持了两个月瘦下来的，所以我想着怎么着也得把这两月坚持下去，有榜样就有动力。

　　我就去找方法，吸取别人的经验教训，不断调整自己的计划。我发现很多人在运动节食减肥时不是一个方案执行到底，而是定期更新一次自己的计划和食谱，以此度过平台期。

　　于是我借鉴他人，结合实际，重新制定计划。运动方面我将慢跑改为了爬楼梯。我们那栋楼有六层，我来来回回爬六趟！（因为我喜欢六这个数字。）

　　第一天爬楼梯真的要累疯了，比跑圈还累，大汗淋漓，没夸张，六圈下来，汗水哗啦啦地往下流。不过我很开心啦，觉得出汗那么多，比跑圈时的汗水多多了，肯定能瘦的。我怕出那么多汗导致体内缺水，每天喝三大杯水，1500毫升。

　　饮食方面，每天早晨一杯燕麦片、一个鸡蛋、一杯豆浆。早晨不吃玉米或者红薯，用燕麦代替。中午也没有具体的菜谱了，想吃啥吃啥，但是不能吃太饱，面食尽量少吃，吃完立即离开桌子。晚饭吃红薯和辣卷。22:00以后拒绝零食和水。

　　调整了计划后，体重终于继续下降。这给我了启发，不能故步自封，一条路走到底，要适当改变计划，定期调整方案。也不能闭门造车，要多和别人交流经验，借鉴别人的方法，弥补和改正自己的不足。

　　"胖胖的龙猫90"为什么能成功战胜困难呢？因为她在总结中不但指出了问题——减肥过程中遇到了平台期，体重始终下不去，而且指出了具体有效的措施——增加爬楼梯的项目；改变食谱，早餐吃燕麦。

当计划遇到困难和挫折时，主要是从两方面进行总结和调整，一是调低短期目标的难度，二是寻找应对措施。

四、收拾心情，重新出发

电脑在运行过程中死机的时候，我们可以重启电脑，使操作系统回到最初的状态，从而又能正常地使用。

由于网瘾和挫折等多种因素的干扰，我们有时候会陷入一种不想做事的糟糕状态，导致计划中断。这时候，我们也可以通过一些方法，重启自己的状态，使计划得以继续进行。

这个重启状态的过程，被我称为"隔计锻勇乐"，由隔绝、计划、锻炼、勇敢、快乐五个步骤组成。

第一个步骤是隔绝，即隔绝诱惑，状态差最常见的原因就是受到网瘾、游戏瘾和电视瘾等诱惑的干扰。隔绝诱惑是最简单有效的摆脱干扰的方法。比如我们可以到图书馆或自习室进行学习，请父母帮忙监督或者使用不能上网的非智能机。

第二个步骤是计划，我们可以根据当时的实际情况，写出一个几个小时的临时学习计划。这个计划一定要是那种特别简单，一定能实现的计划，让自己体会到一步步完成计划的乐趣和成就感。而且制定计划这个过程本身，就能鼓舞斗志、提升状态。

也许这天整体状态很差，效率很低，原先的计划完全被打乱，基本没完成。甚至也许这一阵子都没干成什么事，但我们也可以在这几个小时里完成一个小任务，得到一些小小的成就感，从而一点

点慢慢改进。

第三个步骤是锻炼，即做少量的锻炼。大家通常觉得进行体育锻炼有利于身体健康，但实际上，锻炼对于心理状态的调整也极为有利。当处于厌学或者不想工作的状态时，进行适量的体育锻炼，能够迅速地调整状态，效果可以说是立竿见影。

为什么会有这么好的效果呢？首先，锻炼可以增强自信心。在计划中给自己规定一个简单的锻炼任务，例如做10—30个俯卧撑，在完成这个小小的任务后，会获得自信和成就感。商鞅在开始变法时，通过"立木为信"的方式，增强秦国人民对于变法的信任。我们也可以通过完成一个简单的锻炼任务，增强对自己执行能力的信心。其次，锻炼可以使人兴奋，神清气爽。当人不想做事时，往往处于懒洋洋或者情绪低落的状态。体育锻炼可以使大脑分泌内啡肽，让人感到快乐和兴奋，从而更有利于学习和工作。

需要注意的是，在调整状态时，一定不能给自己安排太重的体育锻炼任务，否则就可能完不成体育锻炼目标，打击自信心。即使勉强完成，过量的体育锻炼让人很疲惫，也不利于后续的工作和学习。

第四个步骤是勇敢。提高文化修养，会让人性格温和，待人很有礼貌。这本是好事，但很多人陷入了一个误区，他们几乎丧失了脾气和血性，不管待人还是做事都是习惯性地温和，成为一个软绵绵的老好人。他们的人缘很好，但是做事往往缺乏激情和斗志。其实，做人应该谦和有礼，做事则要凶狠霸气。心有猛虎，细嗅蔷薇。面对困难和挫折时，请不要忘记你心中的那只猛虎，勇敢地给自己鼓劲，相信自己将如猛虎般将困难扑倒、撕碎。

　　困难是欠扁的小人，一旦你稍微向它示弱，它便会大摇大摆地骑到你头上作威作福，还会招呼更多同伴来分食你的理想和前途，直至将你变成一具没有生气和希望的干尸。切记，每个人身上都有原始的战斗本能，都能变身为凶狠霸气的猛兽，释放强大的力量。请不要遗忘你的血性，面对困难，不要退缩，请你凶一点！是你"吃"它，不是它"吃"你！

　　第五个步骤是快乐。通往胜利的道路并非先苦后甜，而是"今日充实开心，未来幸福快乐"。我们要端正学习或工作的态度，有积极主动做事的想法，尽力将事情做得更快更好，全身心投入其中，体会到做事过程本身的巨大乐趣。

　　成功实现计划的关键并不在于不失败，而在于尽快总结和重启。所以当我们处于糟糕状态的时候，切勿逃避和沉沦，而是要按照前面的方法积极地总结和重启。

第四章

如何把事情做得更好

一、多做一点点

我打篮球时，比较擅长防守和抢篮板，投篮技术很一般。平时打着玩还行，一到打比赛的时候心里就紧张，变得像个白痴一样，连近距离的投篮都屡投不中。对手懒得盯防我，甚至说："他投不进的，让他投。"

这种糗事经常发生，令我非常丢脸。于是我在暑假时制定了一个练习投篮的计划，每天都要投篮命中200次。练投篮不如打球有意思，难以坚持。怎么办呢？我就改成每天都要投篮命中150次。而且让自己每次都在完成150次投篮的基础上，再多投中一些，比如155次、160次。

多做一点点，只是举手之劳，却让我体会到超额完成目标的乐趣和自豪感，使我更容易爱上投篮，完成练习计划。千锤百炼之后，即使是到了紧张激烈的赛场，我也能毫不费力地将球投进。那个暑假过后，再也没有对手敢无视我的投篮了。

我在执行健身计划的时候，也是采取了类似的方法。比如计划要做 150 个俯卧撑，我会尽量多做几个。这种"多做一点点"的方法，对于多种计划都是适用的。比如周日上午计划要学到 11 点半，我会尽量多学 10 分钟。某一天计划要背 50 个单词，我也会尽量多背几个。

大家都知道要主动做事，但具体如何才能做到主动呢？多做一点点，就是一个很简单的做到主动的方法，可以让我们体会到其中的乐趣，更容易坚持。

要想实现多做一点点，关键是把目标定得很容易实现。同样的一天 160 次投篮，假如我规定的是每天 200 次，我就会感觉到没完成，会有种失败的受挫感。假如我规定的是每天 150 次，我就能体会到多做一点点的乐趣。

有些人在快完成目标前，会告诉自己，差不多就行了，少做一点点也没关系。这的确对当时的目标不会有太大影响。但是却会削弱完成目标的成就感，而且容易愈演愈烈，发展成习惯性的半途而废。今天少做一点点，以后没准儿就少做一半了。所以我们应该培养这种多做一点点的习惯。

二、更快更好

在我小学三年级时，爷爷得了重病，请了很多名医医治都没用，年幼的我更是束手无策，眼看着爷爷去世。当时我便有了以后投身科研、延长人类寿命的理想。

随着年龄的增长，我的这个想法愈加坚定。我对科研一直充满热爱，很喜欢看科技新闻和科普书，非常渴望能在科研上有一番大

作为，甚至有"不做科研，我的人生就没有意义"的想法。我的高考分数可以去北大经济管理专业，这个专业毕业生的收入比一般专业高不少，但是我却毫不犹豫地选择了生命科学专业。

当我在研一真正开始做科研的时候，却觉得无比枯燥和痛苦。为什么一个自幼深爱科研的人会讨厌做科研呢？对于如此巨大的转变，我自己也感到很莫名其妙，试图用多年的理想激励自己，希望在科研中能取得很大的发现和进展，但是收效甚微，我的表现越来越差，甚至有了退学的想法。后来经过实验室前辈师姐的点拨和开导，我才明白，我以前对科研的爱，爱的只是科研的结果，这是不够的。

就像做别的事一样，要想在科研上取得成果，需要长期的努力，会面对无数的困难和挫折。如果只爱光鲜靓丽的结果，自然就会觉得这个漫长曲折的过程令人无比焦虑和痛苦。要想做好科研，不仅要爱结果，更要爱上科研的过程，全身心投入其中。只有这样才能最终取得好的成果。

如何才能爱上做科研的过程，体会到其中的乐趣呢？我想起了中学的学习经历。我高中的时候非常努力地学习，没有一天是彻底不学的。当时支持我的主要动力，并不是北大清华之类的目标，而是学习本身的乐趣。我当时是以一种"想要把当下的事情做得更快更好"的心态在学习，经常琢磨如何才能提高学习效率，如何才能增加学习时间，如何才能把各科的知识点学得更扎实。

正是因为有了这种心态，我几乎每天都能感受自己在一点点地积累和进步。比如说将课本和错题复习了三次以上，把一个以前觉得很模糊的知识点弄得烂熟，或者以考试的心态来做作业，使得做作业的速度比以前快了五分钟。虽然这些积累和进步很微小，但是给我带来了快乐和成就感。

我为自己的勤奋感到自豪，而且取得进步以后，各种大小考试就会取得好成绩，获得老师和同学的认可和尊重，那就更令人开心了。可以说，我的高中三年，基本每一天都沉浸在巨大的幸福和喜悦之中。我疯狂学习最主要的动力，并不是什么清华北大或者什么远大理想，只是因为我从学习中获得了巨大的快乐，比打游戏有意思多了，根本停不下来。

所以我调整了心态，提醒自己要以"想要把当下的事情做得更快更好"的心态来做科研。当时我要做一个筛选药物实验，要将成千上万种药物分别加入不同的细胞培养皿。这个加药物的动作我要重复无数次，之前觉得枯燥无聊，后来却觉得有意思起来。这是因为我统计了每半个小时自己加药物的数量，自己跟自己比赛，哪怕是这件最没技术含量的事情，我也要把它做得更快更好。如此一

来，我很快就体会到了其中的乐趣。即使我这回实验又失败了，没筛选到具有效果的药物，我也觉得自己比以前进步了。

我们当时每周一都要讲文献，我之前总是把它当成一个很讨厌的任务，很被动地应付了事，经常是拖到周日晚上才开始仓促准备，效果自然很差，受人鄙视。改变心态后，我决心一定要把这件事做好，提前两天就开始准备，读了很多相关的文献，争取讲出新意并提出一些有创意的想法，进步很大，令人刮目相看。

为什么有了"想要把当下的事情做得更快更好"的心态，就更容易体会到做事过程的乐趣呢？因为，有了这种心态，会让人活在当下、关注当下，留意到自己取得的点滴收获和进步，体会到其中的乐趣。

不只是学习和科研，其他工作也是如此。许多人只是为了钱而被动地工作，上班的时候度日如年，盼着赶紧下班。有这种混日子心态的人，自然很难把工作做好，很难体会到工作过程的乐趣。工作占据了生活的大部分时间，不喜欢工作的人难以幸福。所以我们应该提醒自己，要抱着想要把当下的事情做得更快更好的心态去工作，体会到做事过程的乐趣和成就感，最终获得想要的结果。

在河北曹妃甸港，有两位优秀的塔吊司机黄俊峰和张泽涛，被称为"金刚双星"。塔吊司机的工作非常辛苦，经常要挤在一个六平方米的空间里，连续十几个小时重复枯燥的工作，不停地操作抓斗将矿石从船上卸到岸边。他们都是 20 岁出头的年轻人，是如何耐下性子创造生产纪录，成为曹妃甸港最高效的塔吊司机的呢？

在接受央视记者水均益采访时，黄俊峰回答道："其实这个作业就跟玩游戏一样，我要打通关，而且要想办法玩到最好，就是这种感觉。如果说你把心思放在别的事情上，这个工作根本一点意思都没有，是很枯燥的一个工作。如果你把心思放在工作上，琢磨怎么提高生产效率，怎么让自己做得更好，我觉得相对就能更有意思一些。就是自己跟自己竞争，跟别人竞争，找每一斗每一斗的乐趣。"

想要把当下的事情做得更快更好，对于学生而言，具体表现就是以前背单词只背四遍的人，现在背单词背七遍；以前上课经常走神开小差的人，现在上课时认真记笔记；以前经常拖欠作业的人，现在利用假期和周末超前学习。此类事情很多，只要有心，改进的空间是极大的。

想要把当下的事情做得更快更好，对于上班族而言，具体表现就是上班期间不要偷偷上网，不是想着偷懒省力和应付老板，而是想要把工作做到最好。

三、享受过程的乐趣

我三叔在一个小镇经营乳羊店 20 年，实现了脱贫致富。餐饮市场门槛低，竞争非常激烈，每年都有大量的店铺倒闭。三叔原本是个农民，并没有学过厨师，也不懂得如何开饭馆，居然成功地将这个小店开了 20 年，实在是很难得。这是因为他对这个店极其用心，总是想着怎么样能把事情做得更好。他不断地摸索改进调料的配方和烹调的方式，只要听说别的地方有一家乳羊店做得不错，就会开车几十公里前去学习。

三叔今年已经 72 岁了，还在经营着这家乳羊店。他每天早上 5 点钟起床杀羊，从早到晚忙个不停，经常还要开车去很远的地方抓羊。有人看中了他的店面，想要高价租下来，租金跟他乳羊店的利润差不多，三叔却没有同意。我非常纳闷，跟父亲说道："既然靠收租能轻松赚到同样多的钱，三叔又何必每天从早忙到晚。"

父亲回答说："他现在每天都很忙，但是忙得很充实很开心，简直是忙上瘾了。他虽然 70 多岁，但是非常有精神。要是闲下来无所事事，他会觉得无聊，而且整个人会老得很快。"

我听了觉得很有道理，三叔的确是精力充沛，不但双目有神，而且干活干脆利落，丝毫不像 70 多岁的样子。

父亲接着补充说："他的羊肉做得好，多年以来一直得到全镇人的好评，这让他很有成就感，觉得很自豪。要是把店面租出去，他会觉得自己变成了一个没用的人。"

难怪靠收租能轻松赚到同样多的钱，三叔却宁愿从早忙到晚。做事的快乐绝不仅在于结果，还在于过程。

日本的稻盛和夫先生白手起家，创立了两家世界 500 强企业，被誉为"经营之圣"。他曾经强调，"只有热爱自己的工作，并从中得到无尽乐趣的人才能成功"，而且，"爱上自己的工作，所产生的领悟是极大的。因为，在每一件事的背后都隐藏着主宰一切的真理"。这也许正是俗话说的一通百通。

许多高收入的人，都把事业看得比命还重要，并不是只想着赚钱。他们疯狂地热爱着事业，事业本身就能给他们带来极大的成就感，钱财只是他们把事业做好后的附赠品而已。把事做好以后，金钱自会到来，他们可以得到精神和物质的双重满足。正所谓"花若盛开，蝴蝶自来"。

四、事业不会辜负你的爱：
我在北大遇到的奇人——"猛男"王晓龙

在我研一的时候，一位前辈教育我："事业是一个人安身立命之本，一定要爱事业。"我曾经把这话告诉我的研究生舍友王晓龙（化名），可惜他当时已经听不进去了。

王晓龙是一个"猛男"。他热衷于健身，肌肉发达。冬天我们经常可以看见他穿着一件很薄的衣服在校园里跑步。在我洗手都嫌冷的时候，他还会坚持洗冷水澡。

热爱锻炼的人，往往上进心和执行力都很强。王晓龙也不例外，他渴望在科研事业上有所作为，非常努力地做实验，获得了大家的一致好评。他的导师经常对学生说的一句话就是："你们要向晓龙学习。"

做科研的人，要在当上教授以后才有较高的收入，读博和做博士后期间的生活比较清贫，收入明显不如做其他工作的人。付出多，收入少，许多人对此心存不满，经常抱怨。王晓龙对这种消极想法非常反感，驳斥道："我本科的那个学校，做实验的条件不好，仪器设备经常要东借西借，实验试剂也是很缺。现在好不容易来北大做科研，有那么好的条件，给我几十万元的年薪我也不换。"

但是自从他疯狂追求同一个实验室的女同学林冰冰（化名）后，他做实验就开始有些心不在焉了。这是王晓龙第一次追女生，所以他特别狂热，甚至有点用力过猛。

第一次约会后，王晓龙很激动，跟我分享了他的喜悦。他说他昨天约林冰冰到未名湖边看风景。当时有蚊子，他连忙把袖子卷起

来。林冰冰问他为啥要卷袖子。他就告诉林冰冰，他很喜欢她，宁愿让蚊子咬自己，不愿意让蚊子咬她。林冰冰无意中提了一句他的钱包样子不好看，他立刻把钱包里的东西塞到兜里，把钱包扔到未名湖。林冰冰大惊失色，问他为什么要这么做？他跟林冰冰说："在我的心里，你最重要。既然你不喜欢这个钱包，它就没有存在的意义了。"

王晓龙问我："吴业涛，你觉得我的表现怎么样？林冰冰会不会开心？下次约会应该去哪里？"

我只能很遗憾地告诉他："知道有人这么爱她，林冰冰当然会得意。但是下次约会的事情就不用操心了，肯定没有下次了。"

王晓龙吓了一跳，不明白自己做错了什么。我就向他解释了一番："如果她早已是你的女朋友，你昨天的表现可称得上浪漫，挺好的。但是这只是你们第一次约会，你就向她明确地示爱。这样只会让她觉得你轻浮，而且你太主动了，她也不会珍惜你。你要想赢得她的芳心，不能低三下四地追求，而是要自信满满地展示和吸引。刚开始时，更应该做的是向她展示你的优点。"

王晓龙不信邪，接着去约林冰冰。但是林冰冰果然变得冷淡了许多，找各种理由拒绝，甚至还表现出了不耐烦，总是躲着他。春节放假的时候，林冰冰回唐山过年。王晓龙特意从北京骑单车到唐山，想去见林冰冰，让她感动，结果一路上冻得瑟瑟发抖，却连她的影子都见不到。

王晓龙回北京后大病一场。我劝他赶紧死心："你电视剧看得太多，中毒了。这种自虐的桥段，只有在电视剧里才能感动女主角，在现实生活中只会让她觉得你有毛病。你以后别再拿自己的身体开玩笑了，就算不为你自己考虑，也要为你爸妈想想。再说，一个人做不到自爱又何谈爱人。你还是先好好做好你的科研吧。你最近做

实验总是心不在焉，一个两天的小实验拖了一周都没做完，导师肯定要训你了。事业是一个人安身立命之本，一定要爱事业。"

为了让王晓龙放弃无谓的追逐，我还告诉他一个好机会："哲学系研一的单身男生要和中国传媒大学文学院的单身女生搞个联谊活动，在后天一起去春游。现在他们发现自己这边只有 5 个男生参加，而传媒大学那边至少有 40 个女生要去，所以怕应付不过来，正在"鹊桥征玩友版"上发帖，打算再征 5 个男生跟他们一起去，你要不要去帮他们这个忙呀？"

王晓龙并没有理会我的建议，竟然更加狂热起来。在一天早上，他当着实验室所有人的面，手捧鲜花，郑重其事地向林冰冰表白。林冰冰早已觉得王晓龙是在死缠烂打了，现在又遇上这么尴尬的场面，很生气，直接把花扔到垃圾桶，朝他怒吼："你有完没完？"说完就用力甩门而出，让王晓龙颜面尽失。

王晓龙感情上受挫，心灰意冷，再加上没好好做实验，学业上也是一团糟，竟然直接做出了退学的决定。他是硕博连读，当时已经读博三年半了，哪怕再等半年也可以转成硕士毕业，拿个北大硕士毕业证也好。王晓龙的本科学校很一般，北大的毕业证能够给他巨大帮助，直接退学实在太不明智了。

他之所以这么做，是因为把林冰冰拒绝的原因归结为嫌他穷。王晓龙自尊心极强，想在最短的时间内挣大钱，一定要让林冰冰知道她选错了。而且当时隔壁实验室的两位师兄在读博期间创业，竟然在短短几年间，白手起家创办出一家资产几十亿元的上市公司。这让王晓龙很是羡慕，也想获得像他们一样的成功。

王晓龙退学后就消失在我们的视线中。直到一年后，他出现在一档全国最知名的求职节目中，我们才了解到他这一年的情况。原来王晓龙退学后直接去了浙江义乌做房地产中介，后来又卖保险，八个月换了五份工作，总是不顺利，最后就上电视台的求职节目找工作了。为了上节目，他借了一套西装，可惜不合身，被一个嘉宾说是："就像小孩子穿大人衣服。"令他颇为尴尬。

因为有北大退学博士的噱头，这期节目引起了轰动。嘉宾们围绕他的选择进行了火药味很浓的争吵，"你这是在做梦！""我们应该鼓励像他这样有梦想的年轻人！"他们几乎打起来了，那期节目收视率极高。

王晓龙是个执行力超强的人，为什么那么多工作都干不好呢？这是因为他一心只想着要快速挣大钱，根本不爱这些平凡普通的工作，自然就干不好，甚至惨到一日三餐都靠啃馒头度日的地步。好在王晓龙并不笨，他后来总算有所醒悟。我去年和他聊天的时候，他已经调整心态，喜欢上了他的工作。他经常在微博上分享工作心得，并且在业余时间积极帮公司做推广。热爱工作的人自然会把工作做得很出色。而且爱自己的事业，全身心投入其中也是一种魅力，王晓龙很快就获得了女同事的芳心。他现在过得很好，经常会在网上晒幸福，比如"今天早上刷牙，发现女朋友已经给我挤好了牙膏，心里觉得特别甜蜜！"

我跟大家说这个事情，就是想告诉大家：人可能会无视你的付出，但是事业不会辜负你的爱。事业是一个人安身立命之本，一定要爱事业。爱事业，尤其是爱上做事的过程，是完成学习或工作计划的关键。如果做到这点，执行计划就是一件轻松愉快的事。

那么如何才能爱上事业呢？我们可以用多种方法培养对事业的喜爱。前面提到"多做一点点""把事情做得更快更好"，现在再来介绍另外四种方法：找乐子、睡觉、交友、呆若木鸡。

五、找乐子

事物皆有两面性。我们投注注意力的方向，将会影响我们对事物的态度。比如跑步，既能让人兴奋快乐、身体健康，又能给人带来汗臭味和肌肉酸疼。选择将注意力集中在前者，更容易爱上跑步。

有些人在做事的时候，只注意到这件事情的讨厌之处，边做边抱怨，很难把事情做好。这就像是朝左走的人在往右看，非常别扭。

每一种学科或者工作，皆有其独特魅力。我们决定做一件事，不要对它有偏见，而应该试图发现其中的乐趣，告诉自己："因为XXX，我觉得这件事情很有意思，很喜欢做这件事情。"

许多读者都在我的百度贴吧"吴业涛吧"提到了各科学习的乐趣。

语文

读者"浮华乱世的黯然"：刚上初中，最不适应的就是语文。小学语文很容易得高分；但中学变化太大，老师上课一刻不停地讲，云里雾里啥也没听进去。翻开基础训练，一题也不会，只能照着资料大抄特抄。那段时间很沮丧，总是想，语文咋就跟不上了呢？

语文老师要求我们每周写两篇日记，我就把对语文的困惑写上去了。老师单独找我谈话，她告诉我"上课认真听，多记"。

总是听别人说，真正的学霸会记重点。但我不是学霸，老师讲的什么，我只能尽量都记下来，不光是课文的板书，精美语句的分析、老师随口说的名言、答题方法、写作技巧……反正不是废话的我都记。课本写不下了就写本子上。所以每学期结束，我的语文书总是破破烂烂的，不过，看着满满的语文书，我也特别满足……通过记，我熟悉了老师的答题术语和分析模式，我的阅读理解基本不失分。

因为想学好语文，我一直记笔记，这使得我上课特别专注。渐渐地，我就喜欢上了语文。乍一看那么朴素的文字，认真一品味，居然有那么多味道。明明写了一件那么普通的小事，细细一分析，又折射出人生与社会的道理。读名家的文章，也许觉得很普通，论华丽程度甚至还不如自己的文字，但一动笔，却又怎么也达不到人家的水平……这一切，都让我觉得很有意思。

老师说，学好语文就是懂得生活，的确如此。语文让人既文艺浪漫，又有深度有眼界。学好语文的人一定是有情调，善于发现的人。喜欢语文的过程也告诉了我，只要你专心去做某件事，你就一定会爱上它。

我还太小，我不知道自己的事情在别人看来是不是太幼稚，但我知道，学好每一门学科，专注是最重要的。我爱上语文，学好语文，也都是因为专注。

吴业涛：写得很好，建议把语文的魅力说得更具体一点。

"浮华乱世的黯然"：哈，谢谢涛哥。我是初二的，可能讲得略肤浅，大家姑且听之……

对于课文，我最喜欢《台阶》，父亲这个形象代表的广大农民，给我的感触太深，我还专门写过一篇日记。就这篇课

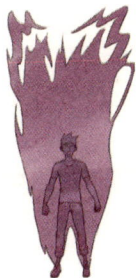

文来看，它体现了父亲渴望被尊重的愿望，高台阶的大瓦房，正是父亲的梦想，也折射了中国农民的现状：贫穷、落后、不被尊重。

这是老师上课讲的。但我看到的是，父亲为了梦想奋斗了一生，他的确实现了梦想，可他高兴了吗，满足了吗？没有，文章说，父亲老了。但真的只是因为老了吗？大半辈子的辛劳，父亲从未觉得累，虽然梦想遥遥无期，但他依旧很快乐，很充实。每一次微不足道的准备，他都会想，我离梦想又近了一步。奋斗的过程让他有希望，人生有期待。最后，梦想实现了，他反而不高兴了，为什么？因为父亲前进了一生，现在骤然停下，没有未来，没有希望，他甚至不知道自己可以再干点什么。

就像工具闲置会生锈一样，父亲也会因为空虚而黯然。所以，我理解到，梦想不一定要实现，只要我们曾经为它奋斗过，拼搏过，就不枉此生了。如果侥幸实现了梦想，不要停下，去追求更大的目标，走向更远的地方。

我还曾研究过写文章的三个阶段。第一阶段是很单纯地写，把一件事、一片景写得具体生动，这是很多小学生和初中生的水平。第二阶段是用华丽辞藻写，文章优美流畅，好词妙句比比皆是，再加一些独到的见解和议论，这是普通人的水平。第三阶段是名家的水平，文章里全都是十分朴素的文字，但它们拼凑起来，却成了璞玉。句句精雕细琢，却又像信手拈来，自然流畅，尽显大家风范。更重要的是，你觉得它是在阐述一个道理，但你换个角度看，又是不同的味道，每个人都可以看出自己的观点（请参照《台阶》）。

吴业涛：写得太好了！许多高中生的语文水平都不如你这个初二的学生。不愧是一个喜爱语文的人！

英语

读者"血族始祖莉莉丝"：我把学英语当成一个兴趣爱好，而不仅仅是应付考试。英语作为一门语言，它的魅力在于运用。我把英语融入了生活中，制作了英语课程表和英语时间表，阅读英语报纸，全面扩充自己的英语知识面，还会听英语广播和歌曲，从中熟悉地道的英语发音和俚语。总而言之，英语成了我的第二母语，成了我生活中不可分割的一部分。此外，做英语阅读题时，还会看到许多外国趣事，了解许多不知道的科技，这也让我觉得很有意思。

课程表

Monday	Tuesday	Wednesday	Thursday	Friday	
Math	English	Chinese	Math	Math	
English	Chinese	Math	Math	English	Good Morning!
PE	Biology	Biology	English	History	
Chinese	Computer	PE	Chinese	Math	
Art	Math	Music	Geography	Life	
History	Life	English	Biology	PE	Good Afternoon!
Chinese	Geography	Class Activity	DIY	Chinese	

周末时间安排表

9：00 a.m. Get up.

9：15 a.m. Listen to the radio.

9：30 a.m. Do the homework.

12：30 p.m. Listen to the teacher.

3：00 p.m. Review.

5：00 p.m. Practice oral English.

数学

读者"海以蓝不会再南"：小学时我非常讨厌数学，一堆枯燥无味的数字和公式丝毫引不起我的兴趣，我甚至想拿笔戳戳数学书上爱提问的小人。

到了初中的时候，我还是对数学丝毫不感兴趣，可是在家长的逼迫下不得不硬着头皮学。小学基础并不好的我在数学上屡屡吃亏，成绩徘徊在中下游。怎么办？我开始想办法。我发现自己数学成绩差的根本原因就是讨厌数学，心里不愿接纳数学。

于是我搬出百分之两百的热情爱数学，不管它之前虐我多少遍，我现在就要待它如初恋！我下课也捧着数学书，放学也捧着数学书，简直变成了数学狂！这样的情况持续几天后，我的小伙伴跟我说："Happy Birthday！"我愣了愣没反应过来，后来实在想不出来就直接问他们，我的小伙伴都震惊了，说我满脑子都是数学，连"Happy Birthday"啥意思都不知道，真是学疯了。

我的状态就这样持续下去，成绩并未提高多少，但是对数学似乎也没那么讨厌了。我开始发现，公式不那么无聊了，三角板也变得可爱极了。我对数学的态度一点一滴地在变化（虽然成绩仍不出色）。

　　一年的时间匆匆流过，我是初二的学生了。此时我对数学已经完全改变了看法：全等三角形的判定方法有五种，每一步证明都是那么严谨；平方差公式和完全平方公式两个公式都可以通过画图来证明，既简单又有趣；连看起来凶巴巴的数学老师也有很温柔慈祥的时候……我对数学的态度已有了质的改变，从厌恶到喜爱，从一开始为了提高成绩到真真正正地爱上数学。现在一天不做几道数学题心里就不舒服。功夫不负有心人，期中考试我数学考了130分（总分150分）。之前复习时就是用涛哥的"星号法"，在我练习册上画了好多五角星，现在更爱数学了。

　　读者："凤季之龍少"：高一数学和初中难度差别很大。开始时完全跟不上，买辅导书看不懂，问老师不知道怎么问。整个人状态很不好，作业是抄别人的应付，上课如同听天书。想找辅导老师来补，可是因为住校，又不方便。我对数学日渐反感，几乎连课都不想听了。

　　第一单元考55分，第二单元考47分……如此差的成绩没让我化悲愤为动力，只是让我对数学越加反感，看到就头疼。

　　一个月后要期中考了，眼看自己数学成绩堪忧。因为看了吴业涛的《秘笈》，我就抱着试一试的想法复习课本，决定周六周日不回家，留宿在学校，把课本例题和后面的练习弄清楚。

　　最先是记住公式，然后就是试着把书本上的其他公式用基本公式推导出来。那些懂了但不熟的就把题目变形，变来变去自己做，做到熟练这种题型甚至这个知识点。在这个过程中，我开始找到数学的乐趣，问题的转换变形，思路的灵光，数形

之间的巧妙关联，几乎都是难以言表的快乐。

把书吃透了，老师的练习也不在话下。可以说，推理解题的过程，尤其是将新题目和旧题目联系起来，是数学最迷人的地方。对我来说，最大的快乐不是"我终于把题做出来了"，不是"这题很新颖"，而是在数学中将自己找出的一点点思路、一点点线索完整地联系起来，仿佛柯南破案时脑海中的那道光，那种快感真是——嗞（深吸气）——啊（慢慢呼气）——极度满足！

我曾经以为"做张卷子放松一下"是犀利的自嘲，我曾经以为"玩数学"是吹牛胡扯，可我现在真的是这样了。其他科目我做累了，就会做一些数学题放松放松。很多人觉得不可思议，"孩子你没事吧?""估计学傻了!""哎，你能别装了不?"我很是无语，可我真的很爱数学，很爱很爱，它带给我巨大的快乐，让我沉迷其中，无法自拔！

虽说我现在也不是题题会做，不是超级数学高手，不是次次满分，但我真的发现了数学的趣味与快乐，数学不仅给我带来了自信，而且带给了我快乐。

历史

读者"dgjia163"：我就读的学校省内排名较靠前，所以压力非常大，成绩优秀的人超级多。到了文科部后，我是在平行班，考试时历史成绩班里倒数，当时我甚至觉得这是在做梦！因为分班时我的成绩是班里第九，自认历史也不错，可每次限时训练成绩都不理想，努力了依旧没用。我问老师，历史怎么学，老师也只是说多看书。于是我抽了两节自习课把整本书看完，但看得不仔细，感觉效果不好。

日子一天天过去，作业也写了，课外题也做了，成绩依旧没有起色。我想，自己是不是没有天赋啊。之后我郁郁寡欢，成绩也依旧如此。有次上音乐课，班里历史尖子生在看一本书，叫《鬼脸历史课》，大概就是按照大纲用轻松幽默的口吻讲述历史，我一下子就被吸引了，因为真是太好看了。

把那套书看完后，我在学校书店发现了一本好书——《袁腾飞讲历史》，看书培养了我的兴趣和史学思维，也就越来越想知道过去发生了什么。

高一下学期买过《全球通史》，结果看了两眼就不想看了，太乏味了，收起来就再没碰过它。随着我对过去所发生的事情越来越好奇，又忍不住把它拿出来，结果一看便停不下来了。为什么曾经看不下去，现在却停不下来？因为我对

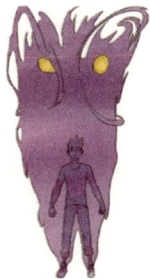

历史感兴趣了。

现在我对历史的兴趣已经不是停留在讲得好玩这么简单了，现在想得更多的是，我要是历史人物，面对这种问题，该怎么解决？想象自己置身于那个时代，脑中浮现出绚丽宏伟的舞台，越想越激动，越神往，从而越痴迷。

假如你是民国时期的人，当你看到社会的黑暗，伪共和实专制的局面，当你面临民族存亡，你要怎么救中国？君主立宪还是民主共和？实用主义还是马克思主义？怎样才能让我们的国家富强？这不是普通意义上的有意思，这是一种吸引力，让你迷上这个过程。

发现历史的乐趣后，我的历史成绩从班里倒数进步到班里第一，最差也在前十名，上次是年级第三名，和第一差一分。

计算机

读者"欧粑哒"：我是大二的，学软件工程，但是一开始特别讨厌学编程，什么 C++、java，觉得都很烦。归根到底选择这专业和学校，都不是自己的本意。后来，偶然接触到 ACM 国际编程大赛，参加了团队。一开始，感觉好难，但是发现每做完一题，就会有对号在题后，还会显示用时。越来越多的对号和越来越短的用时，就像吴业涛说的量化激励，给人一种自豪感。比赛的动力刺激着我，每天从 5：30 练习到 9：00，这种专注投入的感觉太棒了！我从中体会到了编程的乐趣，后来发现还可以编游戏、抢课程序等各种既奇妙又实用的程序，真的太有意思了！虽然很累，但是我现在非常喜欢这个专业。

六、与喜爱之物同眠

世界上的人口中，犹太人只占不到 0.3%，但是获得了超过 20% 的诺贝尔奖。在新闻界，犹太人获得了三分之一以上的普利策奖，在演艺圈，犹太人获得了三分之一以上的奥斯卡奖。

能影响一个国家的伟人很多，能影响世界的伟人却是极少的。在这些能影响世界的伟人里，许多都是犹太人。科学巨人爱因斯坦、心理学大师弗洛伊德、思想家马克思并称"犹太三杰"。世界级画家毕加索、外交家基辛格、音乐大师门德尔松等人都是这个民族的杰出人物。

犹太人除了在学术和艺术领域非常突出以外，更是以富有而闻名。许多人都说："世界的财富在美国人兜里，而美国人的财富在犹太人的脑子里。"这话虽然听起来很有趣，可它的确说明犹太人是很聪明的。

犹太人为什么会如此厉害呢？这与他们民族独特的教育传统有关。中国的家长经常鼓励孩子刻苦学习，为了美好的未来，要先苦后甜。而犹太人的传统是让人爱书爱学习。比如犹太人会在书上滴蜂蜜，让孩子们舔。不是告诉孩子先苦后甜，而是用最直接的方式教育孩子"书是甜的"，让孩子们与书培养感情。犹太人还习惯将书柜挨着床头，伴书而眠。一个如此爱书的民族，必然会是一个强大的民族，值得我们学习。

舔书上的蜂蜜也许不容易，但是伴书而眠还是很简单的事情。想要爱上学习，首先要爱上课本，我们可以在睡前将课本放在枕边，跟课本培养感情。实际上，这早已是各行各业顶尖人才所普遍采用的有效方法。

小时候看日本动画片《足球小将》，主角大空翼想要跟足球成为好朋友，每天晚上都抱着足球睡觉。当时我觉得这动画片太假了，怎么可能有人会抱着足球睡觉？抱着足球睡觉又有什么用？

后来才知道，这个剧情并非瞎编，而是源于生活，很多足球名将的确都曾抱着足球睡觉。

谁是有史以来最好的足球运动员？马拉多纳的回答是："我妈妈说我就是。你该永远相信一个母亲的话。"

他是阿根廷人心目中的足球之神，自幼迷恋足球，3岁时表哥送他的生日礼物就是一个足球，这只足球陪伴了他整整10年。马拉多纳经常舍不得踢它，晚上睡觉也要抱着它。

作为当今最佳的中场球员，哈维无疑是西班牙和巴萨两支球队横扫足坛的基石。纵观国际足坛，能够以核心身份在俱乐部和国家队累计豪夺21冠的成绩绝对是史无前例的，仅凭这一表现，哈维就足以奠定自己历史最佳组织核心的地位。

哈维高超的球技来自他对足球的狂热，他也是一个抱着足球睡觉的人。他 33 岁结婚时，球迷们纷纷调侃："这下哈维不用抱着足球睡觉了。"

在网上稍微一查就能发现，抱着足球睡觉的球星太多，根本数不过来。其他行业的杰出人物往往也都有类似的举动。

抱着东西睡觉的人

笛子	笛子演奏家陈鸿燕
曲谱	歌唱家戴玉强
网球拍	传奇巨星阿加西
乒乓球拍	一代"球王"瓦尔德内尔
足球	马拉多纳

萝卜计划：北大奇人怪招 ★☆☆☆☆

篮球	"小皇帝"詹姆斯、"魔术师"约翰逊
高尔夫球杆	全国高尔夫青少年冠军赛第一名宋玮伦

看完上面的资料难免会觉得，但凡想有所作为的人，不抱着点什么睡都不好意思跟别人打招呼。抱着足球睡，不能直接提高马拉多纳的球技，但是会让他更爱足球，对于他成为"球王"很有帮助。希望每天清晨醒来，看见它与太阳同在，本身就是爱的表现。而这个抱着足球睡觉的过程，又会加深他对足球的感情，让他全身心地投入到训练中。我鼓励同学们把课本放在枕边，也并不是说这能直接让你学到东西，而是可以与课本培养感情。一个人若与课本做朋友，还怕考不好吗？

许多虔诚的基督徒，都喜欢将《圣经》放在枕边，与《圣经》同眠。我爱看书，但是很多书都是只看一遍，看完就忘。当我看到《人性的弱点》时，不禁被作者对人性的理解所深深折服，觉得书中关于如何改善人际关系的建议真是特别好，把它当成了我的"圣经"。我知道再好的书，就看一遍也作用有限。看完这本书后，我并没有像往常一样把书闲置在一旁，而是将其随身携带，有空时就会再翻翻，睡觉的时候也会将其放在枕边，也许这就是所谓的爱不释手吧。因为我如此重视《人性的弱点》，所以并没有看完就忘，而是将作者给的建议应用在生活中，的确能帮助我更好地与人相处。

前面说的都是原本就喜欢的事物，抱着睡觉或放在枕边只是增进感情，那原本讨厌的事物也可以吗？研究生期间，我的舍友养了一只仓鼠，它让我想到老鼠，所以我并不喜欢它，还跟舍友抗议了一番。我们寝室不大，它的笼子离我的床头并不远，我天天睡前和醒来后看到的都是这只仓鼠，一开始觉得有点恶心，看久也就习惯了，还觉得这小家伙挺萌的，会主动喂它东西吃。

要想认真把书写好，并不是一件容易的事情。我每天睡前都会将打印出来的部分书稿放我枕边，跟它培养感情。与书稿同眠后，很多时候刚一睡醒，脑子里就会产生出许多灵感，有时甚至多到记不住的地步，写作也变得更轻松了。

前些日子看到媒体上有关南京大学某博士与书同眠的报道，不禁让我想起了本科时睡在我上铺的哥们李强，他是一位山东才子，在我认识的人中，属他最为爱书。

李强被同学们亲切地称为"小强"。他身材清瘦，脑袋圆如鸡蛋。我们都说："小强，你不剃光头真是太可惜了。"别处的"小强"喜欢甜食，我们屋的小强喜欢书。他好买书，爱读书，总是将最喜欢的书放在枕边，反复阅读，有时甚至会抱着书睡着。他读书的范围很广，从文科到理科，从深奥的哲学到通俗的小说，都有所涉猎。

最令我感到震撼的是，有一天，我居然看见他手捧高中语文课本，小声地读着其中的诗词。我很奇怪地问他："小强，你这是在干啥呀？难道要重新参加高考吗？"他不好意思地笑了笑，说："以前背了那么多诗词，考完就忘多可惜。我现在每隔一阵都要重新背一背。这些诗词写得真好呀。"李强告诉我，他不但留着高中课本，从小学一年级开始，中小学十二年的课本都被他很完好地保存在家里。他从不舍得丢掉其中的任何一本，因为那上面记录着他的成长经历和美好时光。

李强此举至今让我印象深刻，我自认为是好学之人，高考完以后却也不会看以前的课本。小学课本更是不知被我扔到哪里去了。我觉得自己的境界比起李强还是低了一个档次，不禁对他肃然起敬。

李强对待书极其认真，每次买来一本书，都会在书的第一页郑重其事地写上买书的时间和地点，甚至还会盖他的个人印章。当买到好书时，他会非常兴奋，跟我们讲书中的精彩片段，并且主动把好书分享给我们。记得当他看到物理学家加来道雄写的科普书《超越时空》时，赞不绝口，感叹"原来世界竟然有十一个维度，我们生活的三维世界真是微不足道。四维世界的人看我们，就跟我们看纸片上的画一样。太有意思了！"我原本对此书不感兴趣，也不禁被他的热情所感染，看了这本书，的确有不小的收获。与爱书之人相处，自然也会沾染到书香，不亦快哉！

李强的书上往往会有他写得很工整的读书心得，有时甚至会有他画的精美插图，让人赏心悦目。不过他只愿意在上面写和画，非常反对损坏书。有一次我只是把他的书卷了一卷，一向大方的他顿时就很不满，皱起眉头很严肃地对我说："吴业涛，你要看书就平摊着好好看，不要卷着看。"好在只是卷了一卷，如果我敢在书上留下折痕，估计他该跟我拼命了。

李强只买正版书，有一天我和他一起逛北大的周末书市，他看到一本东野圭吾写的侦探小说，很感兴趣，便想买。后来发现是盗版的，就作罢了。

李强不但爱学习，而且爱书，对书有虔诚之心，所以不愿意买任何盗版书。他不仅爱书，而且藏书，对待书就像对待艺术品，每本书都会盖上自己的印章。试问又有哪位收藏家愿意收藏盗版的东西呢？

对书的热爱不仅使得李强具有高雅的气质，而且让他知识渊博。他特别能侃，不论天文地理还是人文科技，都能讲得头头是道。而且他动手能力很强，绝对不是只会纸上谈兵的人。李强自学了几本电脑书，擅长修电脑，我们寝室里谁的电脑出问题，都会想到他。系统或软件出问题，李强会轻松搞定。如果是电脑硬件出问题，李强也不怕。他有一套修电脑的工具，比如迷你小螺丝刀之类的。当遇到小问题时，他直接就帮我们解决了。如果需要更换硬件，他也能正确指出到底是哪个零件坏了，更换这个东西需要多少钱。这样我们就不会被外面修电脑的人一通乱宰了。

李强甚至玩游戏也跟别人不一样。比如玩一个叫《文明》的英文游戏时，他觉得别人的汉化版做得不够好，就会找到这个游戏的英文原版，重新翻译。这个游戏有上万个单词，翻译的难度对于专业的游戏公司不算什么，但是对于一个业余爱好者很不容易。李强就像愚公移山一样，利用有限的业余时间慢慢汉化，从大一一直干到大四，终于将其完成。我经常看见他一个单词一个单词地慢慢翻译和推敲，那专注的样子就像是雕塑家在精心打磨自己的作品，令我佩服不已。

也许是因为看书太投入，李强有时会在晚上将自己代入书中的人物，各种乱喊梦话。他平时待人谦和有礼，说话总是很温和，但每次说梦话时，总是在喊叫或怒吼。最气人的是，每次都只能听清楚他梦话的前两个字，搞不懂他究竟是在喊什么。第二天问他时，连他自己也都只记得梦的是哪本书，却记不起具体说了什么。

大三的一天晚上，我正在睡觉，上铺突然传来一阵阵剧烈的摇晃，把我惊醒。我觉得莫名其妙，非常不爽，便朝上铺的床板踹了一脚，骂道："小强，给我老实点，深更半夜的，你晃啥晃，想搞地震呀你！"

李强却并不回话，过了一分钟，他又翻了一次身，大吼道："我要 &% ￥*^@# ！"我这才知道他是在梦中激烈地搏斗。寝室里的另

两位室友却丝毫没受到影响，吉林省状元冯铁夫睡得很香，"哼……唧……哼……唧"地发出阵阵鼾声。寝室长车单奇也毫不示弱，发出了尖锐的磨牙声"吱吱吱吱……"

一时间，寝室里各种怪声此起彼伏，非常有喜感。原本很恼火的我，也不禁无奈地笑了。他们各有特点，这个我是知道的，只是从未见过同时发挥，真是个奇妙的夜晚。说来也怪，平时他们中的一个人单独表演，就足以让我失眠了。三个人一起上，我却因为觉得很有意思，不反感他们的声音，很快就睡着了。

爱读书的人通常爱学习，如此爱读书的李强，当年能考上北大，自然是毫不为奇的事情。像他这样与书同眠的人，又有几个会成绩不好呢？

如果同学们从现在开始，与书培养感情，将书放在枕边，尤其是将课本放在枕边，会让大家更容易喜欢学习。这是特别简单方便的方法，试一试没有任何损失。假如一个人厌恶课本到了不愿意将它放到枕边的程度，那这个人学习必然会很痛苦，成绩一定会很差。

　　每年高考刚一结束，总有很多考生会将课本撕烂，庆祝解脱。将课本视为仇敌和压迫者，这样的学生很难考好。因为考试的题目都来自课本，对课本有排斥之心的人，难以领会其中的精髓。如果我是大学的招生老师，我不愿意招那些撕书的人。这根本就不是一个爱学习的人会做的事。一个人如果讨厌学习，在大学里的表现难免会一塌糊涂，浪费自己的时间，浪费父母交的学费，浪费学校的招生名额。

　　这样的人学不到本事。等他找工作制作简历时，才发现个人经历一片空白，连一个最微小的荣誉都没有。他们会抱怨说："学习无用，大学毕业也找不到好工作。"但实际上，他们真的错怪学习了。不是学习无用，而是他们在大学就根本没怎么学。把大学当成网吧和疗养院的学生，实在是太多了。

七、和优秀的人做朋友

1. 优秀的朋友是人生中的重要财富

　　"你们觉得上北大最大的好处是什么？"这是大一时，老师在课堂上给我们这些新生提出的问题。大家的答案五花八门，一位湖南女生的观点获得了绝大多数人的认同。上北大最大的好处不是生活在一个美丽的校园，也不是得到北大毕业证，甚至不是获得知名学者的传授，而是我们这些学生本身。来自全国各地的良好生源就是

北大最大的好处，在这里我们可以结识许多积极上进、爱学习的朋友，相互学习、相互促进。

如今回想起来，能够认识之前提到的李强等优秀朋友，感受到他们对于学习的热情，学习他们的优点，的确是我在北大的最大收获。而且周围的人都在努力学习，会形成一种良好的学习氛围，身处其中，我们学着也不容易感到累。有位清华的教授曾经说过："一个人的水平取决于他最亲近的五个人的水平。"这话的确是有一定道理的。

2. 选择朋友

不是所有朋友都能带来正能量。我高中时认识的朋友里有一个人很厌恶学习，经常发泄对于应试教育的不满，觉得自己是个怀才不遇的受害者。相处久了，这种愤世嫉俗的不良心态是可以传染的，会影响我的学习态度，当我学习感到疲倦的时候，一听到他的那些负面言论，心情会变得更糟。这些抱怨的话，就像苍蝇一样总在我耳边嗡嗡响。

有一次我忍无可忍，跟他说："你别再没完没了地发牢骚了，你的埋怨不是完全没道理，但是真的一点用都没有，既然我们一定要学习，就好好学。就算你不学，我还想学呢。你老是这样发牢骚，搞得我很烦。"我是个说话很直接的人，当时又很烦躁，所以并没有说得很委婉。这样做可能会让朋友有点不高兴。但是正因为他是我朋友，我更不希望他处于这种糟糕的状态。偶尔抱怨是人之常情，但无止休地抱怨，会让人心生厌烦的。

素以敬业闻名的足球明星 C. 罗纳尔多在接受记者采访时，曾说过一句很生动形象的葡萄牙谚语："不要往你的饭碗里吐痰。"作为学生，学习就是我们必须做的本职工作，就是我们的饭碗。我们不要往饭碗里吐痰，而且要尽量远离那些总是喜欢往饭碗里吐痰的人。请读者们想一想，你在吃饭的时候，旁边有一个人不停地往饭碗里吐痰，难道不会影响你的食欲吗？同样的道理，我们在工作或学习的时候，旁边有一个人经常抱怨，也会影响我们的干劲。

我们往往难以改变学校和班级，但是我们可以选择自己的朋友。一个重点中学的学生，如果结交的都是厌学的朋友，面对的学习氛围实际上与普通中学没多大区别。一个学生如果就读于一所普通中学，他也可以尽量结交积极上进的同学，感受他们的正能量。积极上进的人不一定是现在成绩拔尖的人，关键的是上进心和学习态度。有的人以前学得很被动，目前成绩不好，但是只要他现在转变了学

习态度，主动积极地学习，也很值得我们交往。

3. 朋友之间互帮互助

我们不仅可以选择朋友，还可以帮助朋友。我们不仅要接收正能量，还应该传播正能量，如果读者觉得本书有用，可向同学和朋友们推荐。我们身边的人越强，我们才越容易变强。大家拼了命地想上重点中学和名校，不就是为了与强者为伍吗？

我们交友当然不只是为了感受正能量和获得进步。结识志同道合的好友，本来就是人生一大乐事。

物以类聚，人以群分。初中时，班上分成好几个圈子。富二代是一个圈子，他们经常交流最新电子产品的使用心得，讨论各种跑车的性能和参数。体育爱好者是一个圈子，他们有时成群结队去打球，有时兴奋地议论体育赛事和球星。学习仔是一个圈子，他们往往在一起探讨学习心得，比如有什么好用的学习参考书之类的。圈子里的人天天厮混在一起，积极活跃，非常快乐。有些人同时属于多个圈子，更是令人羡慕和佩服。

而我在初一和初二时成绩很一般，其他方面也没有什么特长，是一个在班上很缺乏存在感的人，所以自信心不足，很少主动与人交谈，显得比较内向，经常独来独往，生活很无趣。

初三上学期努力学习，取得进步之后，我获得了来自老师和同学们的鼓励和赞扬，变得自信满满，经常主动与同学们交流，很快就结识了三个积极上进、志同道合的好朋友，从此不再孤单。我们四人关系很密切，经常一起吃饭和回家，课间也总在一起聊天，简直形影不离。

　　我头比较大，他们便给我起了个绰号叫"大头"。某个星期天，我们来到学校上自习。我学得有点晚，哥们几个在教学楼下等我一起去打球，便齐声大喊："大头，大头，快下来！""大头，大头，下雨不愁。人家有伞，业涛有头。"在教室里上自习的同学们知道这是在叫我，都忍不住笑了。我心中有些尴尬，但更多的是被认同和需要的喜悦，有一种融入集体的幸福感。

　　当时是初三，我们几个都是想考重点高中的人，所以在聊天时经常会交流学习的心得体会。我虽然成绩比他们好，但也能从他们身上学到很多有用的方法。我们还会互相推荐好用的习题册，比试某一科的成绩，轮流考对方一些易错知识点，看谁能难倒对方。这种良好的学习氛围对我们的学习有很大帮助，最终我们全都考上了重点高中。

　　除了学习，我们当然也会在一起吃喝玩乐。学校门口有些小饭馆，哪位哥们考试发挥得好就要被我们撺掇着请客。大家一边吃着可口的饭菜，一边聊着身边的趣事，不亦乐乎。当吃香喷喷的烤鸡翅的时候，我们经常会一人一句，唱起周星驰电影里的经典搞笑歌词：

　　"红烧鸡翅膀，我最爱吃！"

　　"可是你老母说你快升天。"

　　"越快升天就越要吃！"

　　"现在不吃以后就没机会再吃。"

　　我的篮球技术很差，笨手笨脚的，经常不是用手接住别人的传球，而是用脸接。这三个好友都是篮球好手，多次耐心地教我、鼓励我，带我一起组队打球，我的球技很快就取得了飞速进步，从一个菜鸟变成了班队成员。弹跳力极差的我后来在班队中成为篮板王，是因为朋友们教了我一个抢篮板的诀窍，即在起跳前的一瞬

间，降低重心，用后背或臀部顶一下对方球员，这样他会跳不起来，我就能轻松抢到篮板。

【学生冯俊：学到了新技能。】

每当考试结束，我们总会在第一时间飞奔到篮球场大战一番。球场人很多，一般是四支队伍轮流打，谁输谁下。我们四人配合默契，传球流畅，经常传着传着就把球传到篮筐里，能将其他队伍全都轻松击垮，很长时间都不会下场。用畅快淋漓的汗水，将考试所带来的压力彻底释放，实在是一件很爽的事情。

我初中时是个宅男兼路痴，之前又没什么朋友，上街都是父母带着去的。有一天下午，我们一起骑车去买书。这是我第一次跟朋友们一起逛街，觉得很新奇和兴奋，一下子有种长大了的感觉，很开心。我们买完书回家的时候，已经是傍晚。那天的夕阳美景下，四个少年在骑车回家的路上有说有笑，让我觉得很幸福。当时脑海中产生了一个念头，这个画面我一辈子都忘不了。果然到了多年后的今天，它依然清楚得就像是昨天刚发生的事情一般。

他们是我一辈子的朋友，直到今天，我都还会与他们保持联系，一起出来玩。有这些铁哥们的感觉，真好。

八、呆若木鸡

"呆若木鸡"在现代常被作为贬义词，然而它的原意却是形容顶级斗鸡的淡定与沉稳，这是一种大智大勇的表现。我曾遇到过一位"呆若木鸡"的同学甘永（化名），他的所作所为，让我学到了很多。

1. 脚踏实地工作

甘永是我读博时的同学，祖籍陕西，待人温和有礼，人缘极好。

他是一个典型的老实人，话不多，说话轻声细语，慢条斯理，刚进实验室的时候并不起眼，实验技术很一般，也不被导师看重。不过很快他就展现出了与众不同之处。

做科研的人在当上教授之前，会长期处于高付出、低收入的状态。有的人看到中学同学早已纷纷挣钱买房买车，自己却是又穷又忙，难免会心生抱怨，经常在网上发泄对于科研的不满，攻击和诋毁科研事业——"做科研一点用都没有""根本就没有前途""科研体制不好"……

这种悲观情绪是很容易传染的。网上的抱怨帖越来越多，动辄就是"昔日海归科研精英，今日拿石头扔人的女癫子""在哈佛做了5年科研后遭遇实验室倒闭，痛下决心改行""博士后摆地摊露宿街头""有16年科研经历的博士后成为出租车司机"……科研道路的前途越说越黑，许多博士生都受到了影响，无心做科研，每天如同祥林嫂一般反复诉苦，有的人干脆直接就退学了。

甘永仿佛没有看到这些抱怨帖。即使有人专门跟他说，他也懒得听。他一直默默做好手中的实验，丝毫没有动摇，甚至产生了一种逆反心理，别人越骂科研，他做得越欢。有些人以"科研无用论"为理由，不好好做实验，天天聚众打 DOTA。甘永的生活却是始终围着科研转，唯一的休闲便是偶尔看些小动物的搞笑视频，边

看边傻笑。

我们实验室有很多研究小组。有时某个研究小组快发论文了，导师便会把一些低年级的学生调过去帮忙。临时调过去帮忙的人不可能获得共同第一作者的身份，几乎就是义务劳动。所以许多被调的人都不愿"吃亏"，边做实验边上网，能使出一半的力气就不错了。

甘永的字典里只有一个字——"干"。他全力以赴地对待这些"义务劳动"，每天做实验的时间超过 14 小时，甚至连腿摔伤了的时候都挂着拐杖来实验室做实验。做实验的大部分时间是坐着，所以问题不大。但是往返实验室的路途非常麻烦，有时需要跨越一些门槛。甘永的舍友还喜欢恶搞，经常走在他前面模仿他一瘸一拐的"英姿"，弄得甘永哭笑不得。

不少人都觉得甘永傻，没必要为别人的论文那么拼。我却发现甘永的各项实验技术都在飞快地进步，不知不觉间，他已经成为我们实验室最能干的人之一，有些高年级的师兄师姐都会向他请教。

导师也对他大加赞赏，专门将他送到牛津去交流，在一个诺贝尔奖得主的顶级实验室学习了半年，让我们非常羡慕。回来后，他还给实验室的每个人都送了一张牛津的精美插画，颇受好评。

导师很看重甘永，在他回国以后，将他调入了一个特别困难的研究小组。这个小组负责的课题是希望通过加入几种药物，就能够将皮肤细胞转化成干细胞。该课题的意义极大，能够解决干细胞的来源问题，为治疗白血病、糖尿病等疾病带来希望。可是实验室的学生们基本都不愿意加入这个研究组。因为这个课题的难度实在太大了。皮肤细胞和干细胞的差异极大，完全是两回事。想要通过简单地加入几种药物，就实现二者之间的转变，几乎不可能。这个课题做了四年都没什么进展，积累了一批延期毕业的师兄师姐，大家自然就更不愿意去了。

用脚趾头想都知道这是个火坑。首先这个科幻般的课题究竟能否做出来，是一个很大的未知数。其次这个课题非常热门，竟

争特别激烈，全世界几百家相关实验室都在做，即使能做出来，也未必是我们实验室首先做出来。再次，这个研究小组积累了一批延期毕业的师兄师姐，万一做出来，低年级的学生也难以成为共同第一作者。

甘永也认为这个课题实在是太难了，但他是个爱岗敬业、能够做好本分的人，既来之则安之，能干活就绝不偷懒。即使是在这个大家都认为很绝望的"火坑"小组，他也不会有任何"惜力"的表现，只会干得更加热火朝天，没有寒暑假和周末的概念，每年只在春节期间回家休息三天，有时甚至连春节都不回家。

三年过去了，甘永他们试了几万种药物组合，手都磨出了茧，这个课题依旧毫无进展。在这期间，做其他课题的同学早已发出了很好的论文，优哉游哉地等待毕业。看到这些努力程度远不如自己的同学纷纷发出了好论文，甘永并没有心态失衡，依旧很开心地参加同学们的庆功宴。"恭喜恭喜！""你们的论文太牛了！"当甘永说出这些祝贺的话时，满脸都是真诚的笑容，没有一丝的嫉妒和后悔。

我们都为他抱不平，劝他赶紧逃离这个"火坑"："你这么拼命，要是换个课题，早就发论文了。""再这样下去，肯定要延期毕业了。"

"没事，反正早毕业晚毕业都是做科研，没啥区别。"甘永非常淡定。

这个课题太难，这么多年来，全世界的实验室都无法取得根本性的突破，基本放弃了这个疯狂的想法。在看不到一丝希望的情况下，甘永依然做得很踏实很开心，总是乐呵呵的。甘永的舍友早已发表了论文，想找甘永出去玩，甘永总是没空。舍友便各种调戏他：

"反正都做不出来的，别浪费时间了。""你这家伙又在浪费实验试剂了。"他们关系极好，甘永从不生气，只是笑笑，并不还嘴。

万万没想到，2013年甘永居然真的做出来了。这不仅是中国当年最大的科技进展之一，而且是当年全世界干细胞领域最大的进展。甘永的论文发表在著名的学术期刊《科学》（Science）上，并被《新闻联播》长时间报道。

这种里程碑式的科研成果，是绝大多数科研人员一辈子都做不出来的，却被年纪轻轻的甘永完成。这个课题极有可能毫无回报，又有几个人会心甘情愿地长期为之拼命努力呢？

"这都能做出来，真是颠覆了我的世界观。"在得知甘永创造奇迹的那天，这句话我至少感慨了10次。许多年轻人听风就是雨，一遇到风吹草动就想放弃，太容易受到他人负面言论的干扰；或者是斤斤计较，不见兔子不撒鹰，没有明显的回报就不好好干。甘永的沉稳和敬业，非常值得我们学习。

不仅是科研，在学习时也应爱岗敬业，做好本分。

2. 认真对待学习

高一的时候，虽然确定以后要选理科，但我学文科依然学得很认真，把文科的课本和错题都复习了很多次。周围的同学看到我认真学文科，都露出了一副怪异和不解的表情："你学政治干啥？""吴业涛，你居然还在学历史。"

我当时被他们弄得莫名其妙，学文科有什么好大惊小怪的，而且期末考试要考，好好复习不是很正常吗？

结果期末考试成绩一出来，本来成绩中游的我，惊讶地发现居

然成了年级第一。仔细一看成绩单才知道，大家都确定了以后文理分科的方向，想选文科的人都放弃了理科，想选理科的人也不认真学文科。反正以后高考不考，现在又何必学，精明的人都抱着这种想法，不愿意吃亏，上课时看漫画、下五子棋，考前也不复习。我没有想那么多，仍然专心听课，认真复习，没有偏科，结果占了大便宜，很轻松地成为年级第一。

这是我从小到大第一次体会到年级第一的美妙感觉。同学的夸奖和老师的赞扬，都让我更加自豪，上台领奖的心情更是激动。我从未如此地喜悦和有存在感，觉得自己之前那么多年的平庸时光简直是白活了。

一些同学发现了我的年级第一的"水分"："不就是文科比我考高了80分吗？其他科很一般，还没我好呢！"

虽然有些人不服气，但是我却彻底进入了好成绩带来的良性循环。我之前是喜欢学习，能够体会到学习的快乐，现在我是疯狂地爱上了学习，学上瘾了，根本停不下来。不是要求自己争分夺秒地学习，而是一有时间就情不自禁地想学习。

在学习时，我的身体有时会因为兴奋而微微发热，心跳也会因为激动而稍稍加快，整个人长期处于一种巨大的幸福和快乐中，学到忍不住要笑、要唱歌。我完全没有了打游戏的想法，满脑子都是想学习的热情和冲动，不需要意志力和自制力强迫自己学习，唯一要做的是提醒自己不要过度放纵学习的欲望，以免学到太晚影响第二天的学习。

当一个人学到自己都拦不住自己的时候，又有谁能拦得住他。如此这般过了一个学期，期末考试的时候我不但是总分年级第一，而且文科理科都是年级第一，再也没有人怀疑我的实力。

　　我没有放弃文科的学习，这不仅帮我赢得了年级第一，而且让我会考非常轻松，可谓受益匪浅。学习是学生的本分，其实我当时并没有想那么多，只是很单纯地想做好学生的本分而已。

　　到了高三，我却没做好学生的本分，付出了惨痛的代价。当时学校组织年级前 20 名的学生在每周三晚上进行"特训"，由全校最优秀的老师进行辅导。数学辅导课上，X 老师非常肯定地向我们强调，根据他多年的押题经验和外界的消息，今年的高考数学绝对不会出复数题的大题，顶多出些选择题。

　　听了这个消息后，我在高考前的几个月再也没有做过一道复数大题，连看都不愿看一眼。老师平时上课讲复数大题，我也会开小差学别的科。

　　高考考数学的时候，前面的选择题和填空题我都做得很顺，谁知道，一看到大题我就想哭。不考复数大题？第一道大题就是复数大题呀！这道题毕竟是第一道大题，所以不算难，这 10 分本该唾手可得。可是我已经好几个月都没接触复数大题了，特别生疏，只能无奈地放弃。

　　我平时不喜欢听辅导课，所以只去听了一节数学"特训"课，想不到就听了这一节课，让我少了 10 分，真是气死了。高考要想提高 1 分都很不容易，要是多了这 10 分，没准我就是状元了。

　　大学期间，有一次我与来自同一个中学的师兄师姐聚会聊天。其间聊起了这个 X 老师，我便忍不住要抱怨。不料，我没有获得任何的同情或惋惜，反而是受尽了鄙视："活该，不考你就不学了吗？"我顿时哑口无言。是呀，听别人说一句就不学，只能怪自己太弱。学习是学生的本分，难道以为不考就可以彻底不学了吗？没做好自己的本分又岂能怪得了别人。

3. 培养兴趣

有些人觉得兴趣完全是天生的，就像是命中注定一样，一定要找到自己感兴趣的事情才能努力。这是一种最常见的借口。其实，努力的关键并不是寻找兴趣而是培养兴趣。兴趣来源于做事过程中的快乐和成就感，如果不停地遭遇挫折和失败，原来很感兴趣的事情，也容易觉得没意思。如果做事很顺利，哪怕起初觉得没意思，也会逐渐产生兴趣。

只要有耐心，是可以慢慢培养兴趣的。关键在于如何让自己体会到做事的快乐和成就感。比如可以每天制定简单而又容易实现的计划，让自己每天都能体会到完成计划的快感，每天进步一点点。本章介绍了大量培养兴趣的方法，希望能对读者们有所帮助。

爱上学习或者工作过程的方法有很多，我这里只是抛砖引玉地提了一些，读者们可以八仙过海、各显神通，创造出自己的方法。

调整做事的心态和态度，以积极主动的心态做事，自然就更容易取得进步，而这又会让人进一步体会到做事的快乐，从而更积极主动地做事。这就是一个非常好的良性循环。进入这种良性循环以后，会成为学习狂或工作狂，那自然不必担心计划无法完成。

第五章

如何进行精力管理

时间和效率，哪个更重要呢？

我认为，效率比时间重要，因为有时间未必有效率，但是有效率可以有乐趣和成就感，自然就愿意投入更多的时间。

效率高的时候往往被人们称为状态好的时候。高效的状态必须要有充沛的精力作为保障，许多人只重视时间的管理，却忽视了精力的管理，导致效率极低，自然难以完成计划。

精力的管理极为重要，首先充沛的精力有助于我们集中注意力，提高效率。一个大脑昏昏沉沉的人难以集中精神，进行高效的学习与工作。

其次，当一个人处于精力充沛的状态，意志力会更强，更容易做到自我控制。反之，意志力就会减弱。美军在审问恐怖分子时，许多恐怖分子都是抱着"打死我也不说"的决心。连死都不怕的人，皮肉之苦是难以让他们开口的。不过，一种最简单有效的方法能轻松击垮意志力极强的人。根本不需要打他，只需要让他几天都睡不了觉就行。意志力是靠决心产生的，但是必须要有精力作为基础。如果一个人长时间睡眠不足，就会精神恍惚，再强的意志力都会变弱。

人人都渴望拥有强大的意志力和效率，但是许多人却只强调决心的作用，忽视了精力的重要性。如何才能做好精力管理呢？主要是从睡眠、锻炼、饮食这三个方面做起。

一、不要克扣睡眠

无论学习多么紧张，我在中学阶段都是不熬夜的，每天基本都是晚上12点睡，上午6点半起，中午睡一个小时，每天保证七个小时以上的睡眠，神清气爽，精力充沛，学习效率很高。

到了大学，有一段时间学业特别重，我又很想尽快取得进步，就想从睡眠中挤时间，每天晚上只睡四个小时，从晚上2点睡到上午6点，中午再睡一个小时。这种作息时间让大脑得不到充分的休息，反应迟钝，学习效率自然很低。我痛苦地坚持了一个多月，却并未取得丝毫的进步。好在我及时停止了这种愚蠢的做法，如果长时间睡眠不足，将对大脑和内脏造成极大的伤害。

大脑的清醒对于效率极为重要。中学的时候，我遇见的学霸都是睡眠充足，作息规律。在北大求学多年，我结识了很多北大、清华的学生，也从未听说他们在中学时有熬夜的习惯。

【读者"华表孤客"：多谢一个半月前的建议，我把睡眠时间从四个多小时增加到六个小时。现在成绩果然有了提升，离目标更近了，只差不到30分，谢谢！】

大学的时候，因为非常自由，很多人养成了熬夜的恶习，经常会出现平时各种玩，到了考前突击熬夜复习的情况。而我在大学时遇到的学霸也是绝不熬夜的，学习就像长跑，他们都是用一种非常稳定的节奏在跑，这样效果才好。

有些读者问我："你反对熬夜，可是不熬夜我觉得时间根本不够用，怎么办？"

我曾专门发帖回答过这个问题。

时间从哪里来

高中三年，我基本不熬夜，但是我没有假期和周末的概念，没有一天是完全不学习的。不要从睡眠挤时间，那样容易导致大脑迟钝效率低，应该充分从假期和周末挤时间，从各种不良嗜好那里挤时间。我周末最多打一次篮球，不会放纵自己上网和打游戏。哪怕是期末考试之后，我第二天都会接着学习。

在假期和周末，我会超前学习，比如在寒暑假提前背完下个学期的单词，自学一些下个学期的内容。有了这些积累，到了后面自然就会轻松很多，而且多学一遍，印象更深，基础更扎实。超前学习是许多考上名校的人都会做的事。在重点中学的重点班，这是一件非常流行的事情，大家都经常会互相比，"他已经提前把后两章的物理作业都做完了，太猛了！""你这家伙提前一个月把这学期的数学练习册都做完了，还好意思说别人猛！"

经常有读者问我："高中的作业太多，做不过来怎么办？没时间复习怎么办？"坦白地说，这个情况我并没有遇到过。我都是利用假期和周末，提前几周做完老师安排的练习册，感觉很爽很有成就感。每次老师布置大量作业时，我都会感觉特别得

意，心中暗想："就这么点作业吗？我两周前就做完了怎么办？"其实像我这样的情况，在北大是很普遍的，根本不算什么。有些人甚至在初三保送后便开始大量学高中的内容，高一时便学完了整个高中的课程。

充分利用上课的时间也是非常重要的。如果听课效率高，后面的学习就会轻松不少。如何才能提高听课效率呢？有四个建议。

第一，勤写笔记。勤写笔记是一个提高学习效率的常识，被无数的老师和状元强调过，但是许多人即使听了这个建议也不会做。因为他们以为写笔记只是为了方便以后复习，觉得自己写笔记的速度慢，写得不完整或者写得太乱，复习的时候用不上，所以就没必要写笔记。其实，笔记即使写得不完整或者很潦草，也会有非常大的作用。因为做笔记的过程，可以让我们更专注，从而调动我们听课的积极性。许多人听课走神是因为没事干，太轻松了。写笔记可以让我们有事干，不容易走神，而且写笔记的过程还可以加深我们对于知识点的印象。有些人甚至从写笔记中体会到了积累的快感，增强了对学习的热爱。

第二，数学等较难的课，如果听不懂，就要在课前预习。

第三，多想想这个老师的优点。每个人都有优缺点，如果我们多把注意力放在他的优点上，就更容易认真听课。挑毛病谁都会，这个世界不缺发牢骚的怨妇，缺的是发现优点的眼光。

第四，课间花几分钟回想一下上节课学习的主要内容，想不起来的地方就看看课本和笔记。

我强烈反对利用上课时间偷偷做题，那样担心被老师发现，难以专心，效果不好。即使老师讲的是我们已经懂的内容，也应该认真听。多听一遍，相当于复习巩固，使基础更扎实。

觉得时间不足，不要想着从睡眠挤时间，而是要想着从不良嗜好挤时间，从假期和周末挤时间，充分利用上课的时间。

如果实在是时间不足，无法同时在所有科目取得进步，可以先有所侧重，比如一开始优先学数学和历史、地理等相对更容易进步的科目。语文和英语这两科进步较慢，可以采取先维持的策略，完成作业，保证不退步即可。其他科目进步后，学习的兴趣会更浓厚，状态和效率会更好，那时再来慢慢提升这两科。

二、坚持运动锻炼：全能王的故事

运动锻炼能使人精力充沛，更有执行力。有一次在吃饭时，一位亲戚曾经很好奇地问我："北大是不是有很多整天只会读书的书呆子呀？"这是人们经常会出现的误解。我在高中时见过一些书呆子，他们不愿进行任何健康有益的休闲，只想把所有时间用来读书。不懂得劳逸结合，会使得学习效率极低。这种人往往连班级前20名都进不去，更别说考北大、清华了。我的大学同学里并没有这种书呆子，与之相反的是，我在北大见到了许多体育爱好者。

孙达峰同时担任我们学院足球队和篮球队的主力，而且在队中都是头号得分手。我们院篮球队在赛前都需要提前半小时热身训练。但是有一次赛前，作为核心主力的他却姗姗来迟，直到比赛快开始才出现。这可是一场关系到我们队能否小组出线的重要比赛，为什么你不来参加热身训练呢？难道你想要大牌吗？面对大家的质疑，孙达峰向我们解释了一番。原来他当天上午刚参加完男女混合接力

长跑比赛，中午参加了院足球队的一场比赛，现在是下午，又要来代表院篮球队参赛。他早已经热身热过头了，再热就"烧焦"了。

听了他的这番话，我们既是佩服又是同情，再也没有半点对他的不满。他最终不负众望，咬牙坚持，砍下 18 分，带领我们赢下这场关键比赛。看到这里，有些读者们可能会问，这哥们儿的精力也太充沛了吧，莫非是体育特长生？这倒猜对了一半，孙达峰的确是特长生，但不是体育特长生，而是艺术特长生！他甚至曾在国家大剧院进行过歌唱表演。

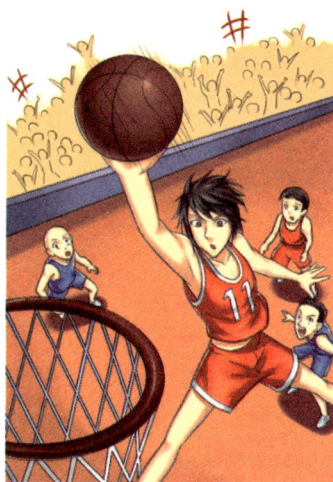

有些人会说，这也不算稀奇，肯定是靠加分上北大的吧。这又只猜对了一半。孙达峰的确是有加分，但是他是浙江省高考前十名，完全用不着加分。而且他在兴趣广泛的同时，成绩依然能在竞争激烈的北大生命科学学院保持年级前 20 名。这些积极健康的文体娱乐并未影响他的成绩，而是对他学习生活的有益补充。

孙达峰的一位室友曾经哀叹："每天都要见到这么全能的牲口，真是伤自尊！"他的强大也令我叹为观止，不过北大让我印象最深刻的运动达人，还得算我的舍友车单奇。

三、我在北大遇到的奇人——"山鹰"车单奇

从小到大，我一共遇见过三个名字特有趣的人。他们都是北大学生，其中名字最好玩的叫单单单，是一位物理学院的学生，这个名字太有意思了，既简单又复杂。他刚一入学，就成为全校知名的人物，许多人都在网络上讨论这个名字应该怎么读，到底是念（Shàn dān chán）还是（Shàn chán dān），抑或有其他的读音。这个由同一个字组成的名字暗藏玄机，居然可以有九种念法，估计老师也拿不准这名该怎么读，单单单同学上课可以不用担心会被点名提问。

名字第二有趣的人叫大方，这是我本科时隔壁班的同学。我一直以为这是他的绰号，当他告诉我他真的叫大方时，我死活都不肯信。你在逗我吧，"大方"也可以是人名？拿来当绰号都觉得很奇怪了。你的名字叫"大方"，我的名字还叫"慷慨"呢。看见我怀疑的眼神，大方拿出了身份证，姓名处赫然写着两个字——大方。我这才勉强相信。

名字第三有意思的人是我的本科舍友，叫车单奇，乍一看好像是一个很普通的名字，但是倒过来念，就与"骑单车"谐音。只要念过一遍，一辈子都忘不掉，实在是起得很有水平的名字。车单奇的经历远比名字更有意思，且听我慢慢道来。

1. 以后我赚到钱再买

他是一位来自广西农村的精壮汉子，在家时经常帮父母干农活，

皮肤被晒成了古铜色。我们都是从外地来北京的，对北京充满了新奇感，所以经常喜欢一起到各处逛逛，恨不得把北京走遍。

大一的一天，我和车单奇一起逛西单商场。我看见一套搭配得非常好看的秋装，试穿后，觉得很合身。而且当时打折，全套才300多块钱，挺便宜的。正当我打算付钱的时候，店员问车单奇："先生，您有看到什么喜欢的衣服吗？"

车单奇愣了片刻，微笑着回答道："我挺喜欢这里的衣服，可惜买不起。"

店员认为他在装穷，笑着说："您太会开玩笑了，我们这的衣服又不贵，怎么会买不起，现在正在打折呢，挑一件吧。"

车单奇摇了摇头，一本正经地说道："我没开玩笑。我家是农村的，很穷，真的买不起。以后我赚到钱再买。"

店员大概从未听过如此坦率直白的回答，整个人都惊呆了，一句话都说不出来。我在一旁听着对话觉得很难受，担心自己的同学受辱，但是车单奇的面容始终很平静，没有丝毫的不快，倒是我和店员的脸色很尴尬。

这件事情对我的触动极大。我是个虚荣心很重的人，以前逛街时店员向我推荐一件衣服，我看了觉得还不错，就问多少钱，店员回答1700。我不是富二代，而且是一个靠父母供养的学生，本不应该买这件昂贵的衣服。但是我却因为害怕被店员看不起，而将其买下。真是打肿脸充胖子。车单奇的坦荡从容，太值得我学习了。

我从来不会瞧不起贫困生，因为我爸上大学的时候就是班上最穷的学生。我爸很老实，但是宿舍里的人丢了手表，竟然怀疑是他偷的。没有任何凭据，只是因为他穷，这让我爸非常伤心委屈。我肯定不会干这种歧视穷人的事情。

　　我不但不会瞧不起车单奇，而且还非常欣赏他的自信。他能如此淡定地告诉别人自己的贫穷，正是因为骨子里的自信。他相信自己肯定能够通过努力改变命运，所以并不在意眼前的家境。

　　我坚信车单奇迟早能过上好日子。但是万万没有想到，大三的时候，他就拥有了一套价值上万的衣服。车单奇是在无意中，通过一种很奇怪的方式做到这一点的。具体是怎么做的呢？这里先卖个关子，读者看完本文便会知晓。

　　车单奇不但自信，而且自强。他希望减轻家里的经济压力，尽管我们学院的功课繁忙，他依然不怕辛苦，做了很多家教，还到学校图书馆勤工助学，帮忙摆书，每个月平均能挣1500元，拿来当生活费绰绰有余。再加上北大免去了他的学费，他在大学期间实现了经济独立，几乎没花过家里一分钱。

　　车单奇挣钱买了电脑，而且经常在拿到钱的时候请全宿舍的同学吃螺蛳粉。受到他的感染，我在暑假期间也做了几份家教，体会到了些许自食其力的快乐。

2. 处女座

车单奇还有一个特点是追求整洁有序。几乎每个宿舍都有轮流值日的表格，上面明确规定了哪一周是谁负责打扫宿舍卫生。我们宿舍从来就没有这个表格，但是比大多数宿舍都干净，多次获得"文明宿舍奖"，拿到不少学校奖励的免费洗衣券。这是因为车单奇一旦看见宿舍哪里脏，就会立刻弄干净。他会在第一时间捡起地上的垃圾，哪怕这并不是自己扔的。看见车单奇如此爱干净，我们也不好意思把屋子弄脏。

车单奇经常会在学习感到疲倦时，进行收拾整理，这是他的休闲方式，所以他的书桌和床都非常整洁。最有意思的是他的被子，总是叠成整齐的豆腐块，令我们赞叹不已。而车单奇却还不满足，跟我们说道："要是有块用来压被子的木板就好了，那我就能像军人一样把豆腐块的四个角都折得很完美。"

车单奇相信星座。他觉得自己是处女座，就应该这样整洁有序，追求完美，否则就是丢了他们大处女座的脸。我倒不信什么星座之

类的话，经常会用唯物主义思想反驳他的说法。因为我是天蝎座，总不能标榜自己喜欢报复吧。话说回来，一个人不论是什么星座，都应该培养整洁有序的良好习惯。

车单奇的整洁有序不但体现在生活上，还表现在他的学习中。看车单奇的笔记简直是一种享受。他不但字写得工工整整，还用自己总结的知识结构图，将各知识点清晰地串联起来。有时还会在笔记上画些与学习内容相关的插图，比如蜚蠊的解剖结构图之类的。

上课记笔记的时间是很有限的，车单奇如何能够把笔记做得这么完美呢？因为这是他的第二本笔记。第一本笔记记得比较匆忙，车单奇会在课后专门找时间整理出第二本笔记。这样做可以很工整，利于将来复习。更重要的是车单奇并非照抄笔记，他会对笔记上的知识点进行补充和总结，画出知识结构图，这本身就是一个高效的理解和记忆过程。

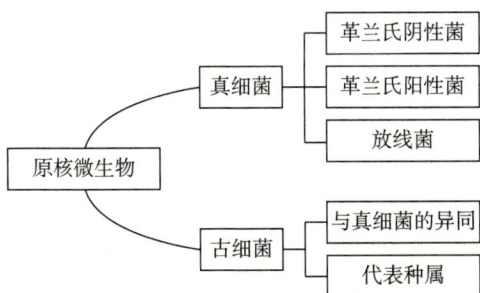

3. "暴露狂"

大学里的学习，并不局限于书本。车单奇在上大学期间，积极参加社团活动，受益匪浅。

北大的社团特别多，每年招新的时候都会上演"百团大战"，上

萝卜计划：北大奇人怪招 ☆☆☆☆☆

百个社团摆摊争相招揽新人，有的表演剑道，有的跳街舞，有的玩cosplay（动漫人物的角色扮演），很是热闹。

当时北大最出名的社团是山鹰社。我们入学那年，山鹰社登山队试图攀登西藏的希夏邦玛西峰，五人不幸遇难。各大媒体纷纷报道，一时全国闻名。我们来北大前，亲朋好友们都提醒说："好不容易考上北大，千万别去加入那个什么山鹰社啊。"车单奇却是被山鹰社"存鹰之心，志在高远"的精神所感召，毅然决然地加入了山鹰社。

很多人加入山鹰社，只是一时兴起，参加几次训练和活动后，新鲜感过了，再加上有别的事情忙，就不去了。车单奇却是愈发爱上了训练。尽管当时他已经很忙了，既要学习，又要打工，还是拼命地挤出时间参加山鹰社的训练。每周二、四、六都是车单奇的训练日，中午要练一个小时的攀岩，晚上要进行两个小时的魔鬼式训练，包括90个俯卧撑、500个仰卧起坐、负重跑10圈等。我喜爱锻炼，有时会跟他一起练。90个俯卧撑不算特别难，我也能做到。但是500个仰卧起坐，真不是人能干的事。我做到100个仰卧起坐时，腹肌就已经酸疼得不行，最多也就能做150个。车单奇居然练到能做500个，简直是特种兵的水准。

这么多锻炼并没有白费。半年后，车单奇的腹部出现了八块线条分明的肌肉，非常好看。他自豪（自恋）得不行，经常向同学们展示他的腹肌，还让我们用手指去戳一戳，检验他肌肉的硬度。我们当然对车单奇的显摆行为很反感，教育他："八块坚硬的腹肌没什么了不起的，像我们肚子上这种一大块有弹性的腹肌，摸着更舒服！"车单奇对我们的金玉良言毫不在意，不但经常在宿舍楼道里光着膀子，而且竟然走在街道上都喜欢撩起衣服，像拍西瓜一样拍自己的腹肌。这引起了我们的公愤，纷纷鄙视他："太丢人了，不要跟别人说我认识你!""暴露狂!""滚!"

山鹰社的训练当然不只是为了练肌肉。车单奇练出了一身过硬的攀岩功夫,成为攀岩队队长。山鹰社在进行攀岩训练时有奖励措施,如果通过简单的路线爬到终点,可以获得一小袋牛奶,该路线被称为"牛奶线"。如果通过困难的路线爬到终点,可以获得一只很大的炸鸡腿,这条路线被叫作"鸡腿线"。牛奶线是垂直的,而鸡腿线是向外倾斜的,感觉整个人随时都会掉下来,别说爬了,想一想都觉得恐怖。车单奇"噌噌"几下就能爬完困难的鸡腿线,跟别人走楼梯一样轻松,不愧是被誉为"山鹰社第一攀岩高手"的人。他攀岩时,经常会有许多粉丝围观。现场一片掌声与喝彩:"哇哦!""腰真好!""帅气!"

4.先从卖方便面做起

在大三时,车单奇以优异的表现,入选了山鹰社登山队。他们

一共有五个人，计划在暑假登上西藏的桑丹康桑峰。登上海拔6000多米的雪山，跟平时旅游时的登山，完全是两回事。这是一个高风险的运动，需要很多昂贵的装备保障安全，比如一套价值上万元的登山服装，因此登山也被称为"贵族运动"。为了登山，车单奇他们需要拉很多赞助。有北大的招牌，拉赞助不算太难。但是许多企业给的赞助不是现金，而是产品，比如400箱红烧牛肉面或者200辆自行车之类的。

要完成攀登桑丹康桑峰这件事，车单奇他们这些登山队队员还得先从卖方便面做起。为了帮助舍友，我们宿舍的其他三位同学，每人都买了两箱方便面，经常吃，而且是同一种味道，吃得我们都快吐了。我在心中暗暗叫苦，唉，这方便面要是少买一箱就好了。那个学期，我们宿舍总是散发着一股红烧牛肉面的气味，挥之不去。当我艰难地吃完最后一包方便面时，发誓这辈子再也不吃方便面了。别说是方便面，在很长一段时间里，我们连面条都不想吃，甚至看到米线都觉得恶心。

卖方便面可比吃方便面难多了。400箱方便面，光靠熟人是卖不掉的，卖给超市的价格又太低，要想筹到足够的钱，只能稍微便宜点卖给学生。学校不允许长时间摆摊，车单奇他们就到各个宿舍敲门推销。这五人几乎跑遍了北大的男生宿舍楼，一点点地把方便面全都卖了出去。上门推销时，他们经常不受欢迎，说明来意之后，别人往往不感兴趣，看都懒得看他们一眼，有时甚至会被人误会成骗子，其中的尴尬与心酸，又有谁能懂。

吸取了卖方便面的经验教训，登山队员们逐渐懂得如何销售，到了卖自行车的时候，显得非常熟练。他们成功地举办了一个拍卖会，轻松地把这200辆自行车卖光，一下子筹得6万元。这支登山队因为前无古人后无来者的销售佳绩，被称为"小贩登山队"，载入了山鹰社社史。这些年山鹰社日益发展壮大，现在的山鹰登山队早已不需要像当年那样卖东西筹款。不过，"小贩登山队"的事迹，依然会被介绍给每一位新加入的社员。

5. 签字风波

经过了几个月的努力，车单奇他们终于获得了足够的金钱与装备。可是需要克服的困难依然很大。学校要求登山队员们必须让家长签免责协议，就是让家长对孩子的冒险行为负全责。说服家长签这个字，比登山难多了。好不容易把孩子培养了 20 年，突然孩子告诉父母，他为了兴趣，要去干一件有生命危险的事情，还拿了张"生死状"来让父母签，无论多么开明的父母，也很难同意呀！

车单奇的父母坚决反对这件事，大骂了他一通，不但不肯签字，还发动了亲戚们一齐上阵，轮番用电话轰炸他。整整一个星期，车单奇几乎啥事都干不了，光接电话了。这些人都是车单奇的长辈，他不能不接，也不好还嘴，只能乖乖聆听教诲，动辄就是一两个小时。为了说服车单奇，他父母甚至把他的中学老师都找来了，真是人海战术。

车单奇在那段时间里，几乎是与全世界为敌，连我们这几个舍友都不太理解他的执着。我曾问过车单奇："奇哥，北大山鹰社去西藏登山的死亡率有多高？"

他告诉我："7% 左右。"

我大吃一惊，劝他道："7% 你还敢去，这死亡率也高得太离谱了。你为啥一定要去登山呢？"

车单奇并没有用"因为山就在那里"之类的老套名言敷衍我，而是很诚恳地说道："我真的很想跟山鹰社的这帮兄弟一起登山。"

我明白了，车单奇他们这些登山队员在一起训练了那么久，经历了那么多挑战，早已形成了战友般的深厚感情，大家一起为了共同的梦想而奋斗，又怎能临阵退缩。

我理解了他的执着，但是还是顾虑这过高的死亡率，问道："登山又不是打仗，7% 的死亡率也太离谱了吧。山鹰的登山队怎么会这样呢？"

车单奇告诉我："以前山鹰的登山队有人死亡，一方面装备比较差，另一方面选择的山攀登难度太大。现在山鹰社早已吸取教训，既买了专业的装备，又选择登安全的山峰，再也没有出过事。"（7% 的死亡率是当年的数据，后来山鹰社再也没有出过人命事故。）

我这才稍微放心了些。但是说服他的家人可没这么容易。前面提到过人海战术和电话轰炸，要是普通人，遇到这车轮大战的阵势，早就崩溃了。车单奇如果没历经山鹰社的种种磨炼，估计也受不了。不过现在的车单奇，已不是普通人。那些魔鬼训练，不仅锻炼了他的肌肉，还让他拥有了钢铁般的意志和充沛的精力。他扛住了几十个小时的电话轰炸，丝毫没有放弃的迹象。

方便面和单车也没有白卖，锻炼了他的口才和推销本领。最终他转守为攻，成功地将自己的想法推销给了父母，让他们签下了那份免责协议。车单奇具体是怎么说服父母的呢？老实说，我也不知道。他打了一整个晚上的电话，我还没闲到偷听别人电话一晚上的地步。我只能说，这是一个漫长而又曲折的过程。

更大的难关还在后头。车单奇不但需要家长签字，而且需要学院领导的同意。我一听就觉得彻底没戏了。登山这件事，对于学院领导，只有风险而没有好处。这并非学院组织的活动，成功了，难以作为领导的政绩。万一学生出事了，却对学院和领导都有严重的恶劣影响。考虑到这两点，不难明白，学院领导很难同意车单奇登山。

车单奇明知没什么希望，还是尽全力去尝试，可惜最后果然没有拿到领导的签字。他为了登山，闯过了无数难关，遗憾地倒在了最后一关。"这是山鹰社今年最令人痛心难过的事情。"社长刘博在年度总结中，深情地写道。山鹰作为北大第一大社团，有数千名注册社员。能够得到这个评价，可见车单奇在社里的重要性。

没能和山鹰的伙伴们一起登山，车单奇难免有些沮丧，在吃饭时喝起了闷酒。我安慰他道："虽然结果不理想，但是奇哥你的付出并没有白费。你在准备登山的过程中，收获了很多，既锻炼了身体和才能，又结交了很多朋友。"他想了想，觉得倒也没错，于是就没那么郁闷了。

事实上，车单奇在山鹰社不仅结交了很多朋友，还认识了他的女朋友。车单奇作为山鹰社核心成员，自然是社团活动中的风云人物。而且他经常进行运动锻炼，精力充沛、双目有神，让人觉得很干练，有一种军人般的气质和魅力。所以他获得了不少山鹰社女生的青睐，总有许多女社员抢着要当他徒弟，推都推不掉。在大三时，他在山鹰社的一次野外训练活动中，与一位漂亮的北京姑娘相识，两个月后就开始交往了。他的女朋友对他特别好，而且也是山鹰社的热心社员，有着共同的爱好，在一起很幸福。

6. 找工作

到了大四，面临找工作还是继续深造的抉择。车单奇家里经济条件不好，他最好能够尽快找到工作，减轻家里的负担，并不太适合读研读博。而生物作为理科专业，基本上要获得博士学位才能从事科研工作。这样说来，他当年选择报生物专业其实并不合适。当年，他和他的家人在报专业时，对各个专业都并不了解，只是因为当时北大生物专业很热门，而车单奇的高考分很高，就稀里糊涂地选了生物专业。

如果尽早做一些准备，比如在大二时学经济学双学位，或者去企业实习，那么对于北大生物专业的学生来说，即使专业不对口，找到一份好工作也不难，甚至每年都不乏被知名投资银行聘用的本科毕业生。可惜车单奇一直对前路很迷茫，犹豫是否要读研，到了大四才决定去找工作。这时才开始准备，很难找到理想的工作。

车单奇对找工作完全没有头绪，不知道要找什么样的工作好。

我虽然早已经确定要读博，但是平时跟前辈和朋友聊天时，也了解到不少工作的信息。我告诉他："有位师兄在聊天时提到，别看一直以来都是外企吃香，形势已经在悄悄发生变化，央企越来越好，过两年就是央企吃香了。所以你现在投简历可以投央企。金融业一直以来都挺热门的，要去就去金融央企吧，比如国家开发银行之类的。"

车单奇顿时觉得有了方向，眼睛流露出了兴奋的神采，连声向我道谢。不过我提醒他："想去国开行的人很多。奇哥，你既没有经济学双学位，又没有企业实习经历，很难进入国开行，不要抱太大期望，反正试试也没什么损失。"

当时国开行广西分行正在招人，车单奇便立刻投了简历。可惜因为专业完全不符，又缺乏相关实习经验，他被拒绝了，连面试的机会都没有。这是一个令人失望的结果，但是长期的锻炼磨炼了他的意志，使他成为一个想做就一定要做到的人，丝毫不怕困难。他果断地买了飞机票，第二天就飞到广西去，想尽快向国开行的领导推销自己，抢到这份工作。

这种没有得到面试通知，硬着头皮强行要求参加面试的行为被称为"霸王面"。车单奇的做法不但是霸王面，而且是超远距离霸王面。此举令我瞠目结舌，他做家教挣钱不容易，是很节俭的人，每次放假回家都是坐火车，从不舍得坐飞机。这次居然在希望如此渺茫的情况下，一下子掏出2000块钱积蓄买飞机票赶回广西，真是太有魄力了！

车单奇的决心打动了国开行的领导。他们觉得一个北大的学生，那么有诚意，大老远回家乡参加面试也不容易，便破例对车单奇进行面试。这是个好消息，但离成功应聘还远得很。专业不对口的车

单奇，想要通过面试非常困难。

好在面试时，车单奇被问到了在校期间的经历，车单奇便将自己在北大山鹰社受到的种种磨炼说了出来，让领导对他的执行力颇为赞赏。再加上领导看见车单奇身体强健，精神饱满，言谈举止又大方得体，的确是个可造之材，便录用了他。

在如此仓促的情况下，奇迹般地找到了一份好工作，车单奇却并没有表现得特别高兴。因为他的女朋友是北京本地人，不愿意去外地。他的女朋友是北大新闻传播学院的学生，已经在北京广播电台找到了工作，不愿意去广西。她的父母只有一个女儿，也强烈反对她去那么远的地方。

车单奇对认准的事情向来都是一根筋，哪怕异地千里，也坚决不肯放弃这段感情。他打算先在广西干几年，再争取调回北京的国开行。但是央企又不是私企，调动很难。从北京调到广西都不容易，从广西调到热门的北京，比登天还难。车单奇和女朋友异地恋四年，最终没有去北京，而是成功地把她"拐"到广西，很快便结婚了。

他的岳父岳母同意女儿来广西，也是有原因的。首先女儿年岁渐长，结婚变得迫切。其次，车单奇在广西发展得不错，有房有车，还帮她在广西的一家电视台找到了工作。

车单奇家境贫寒，读大学的时候谁都没想到，他会成为我们宿舍最先买房买车的人。这一方面是因为他没有读研读博，工作得早；另一方面是因为他付出了不懈的努力。从连件像样的衣服都买不起到买车买房，车单奇终于通过奋斗改变了命运。

车单奇的身上，值得我们借鉴的东西有很多，比如积极参加体育锻炼，从而磨炼出钢铁般的意志；喜欢收拾整理，使得笔记和房间整洁有序等。至于登山，只是众多体育锻炼中的一种。学习车单奇，未必要登山。比登山更安全，又更能锻炼人的运动有很多，比山鹰社更好的体育社团也有不少。

车单奇有个比他小两岁的弟弟，考上了浙江大学的化工专业，过得也很好。他弟弟本科毕业后在拜耳公司找了一份销售的工作，表现非常出色，干了一年多以后，每个月收入超过两万。后来他弟弟创业，开了家化工销售相关的小公司，现在据说年收入已经过百万。这两兄弟都是贫困生，只有家庭负担，没有家庭背景，凭借自己的努力，依然发展得很好。

车单奇喜欢北大校友孔庆东写的《47楼207》，不但推荐给我们看，还嘱咐各位舍友说："你们以后如果有谁写书，一定要把咱们住的45乙624写出来，而且最重要的是，不要忘了写我的八块腹肌。"当时我们丝毫没有写书的想法，觉得这只是个笑谈，但是奇哥，现在我真的做到了。

运动锻炼不仅让孙达峰和车单奇精力充沛，而且磨炼了他们的意志，可谓收获颇多。许多人总是以忙为理由推脱运动锻炼，但是，美国前总统奥巴马都每天跑步和健身45分钟以上，我就不信那么多人比总统还忙。即使不能长时间锻炼，用15分钟做一些简单的锻炼总是可以的。

关键并不在于时间，而在于兴趣。如何培养运动锻炼的兴趣呢？一是要意识到运动锻炼的好处，动动可以强身健体，让人精力充沛。而且运动锻炼之后，大脑会分泌给人带来兴奋和快乐的多巴胺，让人心情愉悦，神清气爽。

二是要每天进步一点点。跑步是个有益身心的好习惯，跑久了往往会上瘾，不跑都难受。但是一开始培养这个习惯并不容易，我

在培养跑步的习惯时，不是规定自己每天跑固定的距离，而是采取了每天进步一点点的方式，隔一天跑一次，第一次跑 4000 米，第二次跑 4100 米，直到最后每次跑 10000 米。到了跑 10000 米以后，又开始规定每次要跑得比上次快一点。这样每次都感觉到这不是简单地重复，而是新的开始。我在不断地挑战自我，每天都有进步，这会令我感到兴奋。

需要注意的是，在进行运动锻炼时一定要做好准备活动，并且一定要循序渐进，不要一下子就把运动量弄得很大，否则容易伤害身体。我长年锻炼，身体好，所以可以跑 10000 米，每个人量力而行，选择适合自己的运动量即可。

四、优化饮食

大一暑假时，我们学院组织学生去烟台实习，上午上山抓蜻蜓和蝴蝶，下午到海边挖螃蟹和琵琶虾。当地给我们准备的早餐很特别，是一个大馒头配上一小瓣生蒜。我平时特别讨厌吃煮熟了的蒜，但是生蒜却让我觉得很够劲儿，而且吃完以后感觉整个人都很有精神。

许多人只知道大蒜具有杀菌功能。其实，它富含蒜素和维生素等多种营养物质，在古代，人们把它当成提高精力的健康食品。

据说，古埃及人深信蒜有增强精力的神奇效果，建金字塔时，依靠吃蒜战胜重活和炎热天气所带来的疲劳。

美国总统罗斯福的夫人艾莲娜女士，直到 80 多岁高龄，依然充满活力。记者在采访时问她有何秘诀。她介绍说是蒜，由此一度在美国出现了吃蒜的潮流。

需要注意的是，生蒜比较辣，一天吃一小瓣即可，而且一定要配着主食吃，否则容易伤胃。吃完还要记得刷牙或者吃口香糖。大蒜有促进雄性激素分泌的功能，长青春痘的人也不宜多吃。

关于饮食方面，特别值得推荐的还有苹果。苹果素来以健康闻名，富含多种营养物质，而且有非常好的提神作用。

需要注意的是，苹果个头大，容易填饱肚子，热量却很低，所以每天吃苹果容易让人瘦。本来就很瘦的人最好不要每天都吃。

本节提到了增强精力的几种途径，早睡早起、运动锻炼还有健康饮食等。但是光是增加精力还不够，还要尽量少做浪费精力的事情。

第六章
如何调动情绪的力量

请想象明天的自己，如果没有比现在更努力，你会满意吗？

我曾向很多学生提出过这个问题，他们中的大多数人都会果断地说："不满意。"

他们不满足于自己目前的处境。他们也想努力，但是不容易采取行动；即使采取了行动，也很难坚持。

有句话说得好："行动养成习惯，习惯产生性格，性格决定命运。"那到底是什么促进一个人采取行动呢？我们经常会有这样的体会，有时明明想要努力，却不一定做得到。难道行动不是受大脑控制的吗？

一、潜意识

行动当然是受大脑控制的，但是心理学家指出人类的意识只是心灵的一小部分而已。如果把人类的心灵比作冰山，意识就像露在海面的冰山顶端，在海面下还有潜意识的存在。

　　意识很好理解，凡是被自己察觉的心理活动都是意识。比如"我要努力"这个心理活动就是意识。潜意识是难以被察觉的心理活动，它包括人的原始冲动和各种本能，奉行"当前的快乐最重要，怎么样过瘾就怎么做"的原则。

　　人的脑海里偶尔会有些很古怪的念头冒出来，比如没有理由地想打人、骂人等。我们会很奇怪，自己肯定不是这种乱来的人呀，为什么突然会产生这样的念头呢？其实不必惊慌，这只是潜意识的胡思乱想，并不意味着我们真的想要这么做，真的会这样做。

　　潜意识当然也有对我们有利的一面，比如我们平时走路或是干活难免会走神，但是就算走神的时候也能照样正常走路和干活。这时的潜意识就像自动导航系统，可以分担我们的工作。有时我们在想一个问题，怎么想都想不出来，在洗澡、睡觉的时候，完全没有想这个问题，这个问题的答案却能突然蹦出来。这样的灵感就是潜意识工作的结果。

　　伟大的心理学家弗洛伊德有这样一个比喻：潜意识是马，意识是马车夫。马是驱动力，马车夫给马指方向。意识要驾驭潜意识，但潜意识可能不听话，二者就会僵持不下，直到一方服从。这就是我们有时候想要控制自己，却又控制不住的原因。

　　我们也可以把意识看成是父母，把潜意识看成是一个幼儿园小孩。小孩太小不懂事，经常会无理取闹，有一些过分的行为和要求。父母太爱孩子，把孩子的话当圣旨，就容易纵容他，形成溺爱，不利于孩子的成长。我们每个人都很爱自己，当自己的潜意识像个任性不懂事的小孩，想做一些错事的时候，我们往往误以为是内心的呼唤，把它当成自己真心想做的事。如果真的这么做，其实只是自我溺爱而已，对自己非常有害。所以对于脑子里突然出现的念头和欲望要保持警惕，不可一味盲从。我前面所说的"想做，就一定要做到"，是在不违反法律和道德、不损害身心健康的前提下实现目标，绝不是说可以胡作非为。

　　我们还可以把潜意识看成士兵，把意识看成是将军。理论上是士兵听从将军的号令，令行禁止，军队才能打胜仗。但实际上，士兵未必那么服从调遣，这时军队就会处于危险中。

　　那么，如何调动潜意识呢？

二、激发情绪

　　在北大生命科学学院的一次毕业典礼上，副院长昌增益教授给毕业生一句毕业赠言："酸甜苦辣皆为营养。"这句话的本意是说，无论处于顺境还是逆境，都可以从中吸取经验教训，提升自我。我一直关注如何增强执行力，就顺势想到人面对人生酸甜苦辣不同情况时的情绪波动，其实可以被用来调动潜意识，增强执行力。

之前提到过，可以把潜意识看成士兵，把意识看成将军。将军为了增强军队的执行力，肯定会在作战之前对士兵们进行作战动员。什么样的动员有效果呢？能够调动士兵们情绪的动员才有效果。比如甜，即告诉士兵们，杀敌者有很多封赏；酸，即让士兵之间相互比较战果，心里发酸，激发士兵们的荣誉感；苦，即告诉士兵，我们现在身陷险境，只有背水一战，勇猛向前，方能杀出一条血路；辣，即狠狠惩罚那些不听指挥的士兵。

我们也可以有意识地在脑海中想象自己面对人生中酸甜苦辣的情景，调动情绪，从而调动潜意识和执行力。

情绪有波动的人，往往是有血性的人。有血性的人，才容易有执行力。一个人如果长期心如死水，觉得啥都无所谓，那就会连活着都觉得没意思，更何谈积极做事呢？下面我分别从甜、酸、苦、辣四种情况来谈情绪对于执行力的促进。

三、甜的力量

甜的力量，指的是愉悦之情所带来的动力。1966 年，斯坦福大学心理学教授米歇尔曾经用糖果做过一个抵抗诱惑的实验。他从幼儿园找来了几十名小孩，每个人都在一个单独的小房间里，面对一些糖果。孩子们都被告知，如果能够忍耐 15 分钟不吃面前的糖果，就能得到更多糖果。糖果对于孩子是难以抗拒的诱惑。大多数孩子都没有撑过 3 分钟，许多吃货一直睁大眼睛盯着糖果看，不到一分

钟就把糖果吃掉了。只有三分之一的孩子能够忍耐 15 分钟，得到奖励。

这些能够忍耐 15 分钟的孩子，采用的方法各有不同，主要可以被分为两种。第一种就是"愿景法"，比如具体想象一下自己成功撑过 15 分钟以后，可以吃到更多糖果；或是想象可以很得意地跟小伙伴们展示，"我可以拿到更多糖果"。这些对美好结果的想象，可以带来愉悦之情，帮助他们坚持。"愿景"，是某年的天津高考作文题目，它的意思是"所向往的情景"。另一种是隔绝诱惑法，详情可见《秘笈：北大奇人怪招》一书。

不知道读者们是否有过这样的体会，在我们旅行或者打游戏的过程中，什么时候最高兴和激动呢？往往是在玩之前，心中充满了期待和想象的时候。这些愿景会让我们非常兴奋。

很多孩子满脑子想着"不要吃糖"，心里就会充满吃不到糖的纠结和痛苦，这很难受，自然就不能坚持 15 分钟。心里想着吃更多糖，能够帮助我们抵抗诱惑，拼命想着"不要吃糖"，反而很快就败下阵来。这实在是很有趣的事情。

这种"愿景法"让我想起了望梅止渴的历史故事。曹操带兵出征，途中找不到有水的地方，将士们都很渴。于是曹操对士兵们说："前面就有一大片梅林，结了许多梅子，又甜又酸，可以用来解渴。"士兵们听后，嘴里都流出了口水，一时也就不渴了。他们凭着这个念头，终于到达有水源的地方。

大家对望梅止渴并不陌生，它经常被用来讥讽通过空想安慰自己的人。但是我却觉得，这个成语也有积极的一面，并不一定是贬义词。曹操利用士兵们对梅子的向往，成功地激励了他们，让他们克服了干渴的困难。可见人们在遇到困难时，用对美好前景的想象来激励自己，有利于战胜困难，到达成功的彼岸。

学习过程中，我们有时会累，想要去玩，这时可以想象通过努力获得好成绩时的喜悦，比如自己会很高兴，而且会获得别人的认同和赞赏。这样我们就可以继续学习。

有些人在学习时想要出去玩，他会产生心理斗争。挺想去玩，但是没完成学习任务就去玩的话，会耽误学习。怎么办呢？他往往会想，我先出去开心地玩，然后回来好好学习，抓紧时间高效率地把任务完成，这样玩和学都不耽误，多好！只要这么想，心中既有玩的愿景又有高效完成任务的愿景，高兴得很，肯定就会去玩了。然而实际上，一是容易越玩越想玩，花了太长时间，回来后学习的时间不足；二是把心玩野了，回来后满脑子还回味着玩，不容易把心思收回来，高效学习。这就是无意中把愿景法用在拖延学习上造成的恶果。

我们应当反过来，先想高效完成任务的愿景，再想玩的愿景，心里也可以很高兴，这股甜的力量就可以让我们完成学习任务。

当我们用愿景法，想象自己的努力能够引发的前景时，我们就能产生愉快的情绪，有利于激励自己努力学习。这些愿景可以是取得好成绩和考上名校，也可以是美好的生活，更可以是事业的成功和家人的幸福，当然，还可以包括做事过程的快乐。

四、酸的力量

我曾问过一位很爱玩网游的同学："你觉得网游里什么东西最吸引人？"

他果断地回答我："那肯定是玩家间的对战，如果打赢别人，玩家会很爽，还想接着赢，有动力加强自己；如果输给别人，会难受，想要努力升级买装备，争取下次对战挽回面子。"

篮球比赛有个说法叫"Answer Ball"，就是回敬对手的意思。比如他突破我的防守得分，让我丢脸，我下回也一定要突破他的防守得分，把面子挣回来。球队需要运动员争强好胜的血性，这不但可以激发运动员的潜力，而且还能给团队带来高昂的士气。完全没有脾气的软蛋，打球时是会被对手骑在头上虐的。

与同学比拼学习成绩，也可以成为我们学习的动力。每个人天生都有荣誉感，都不甘心比别人差，看到别人比自己成绩高，排名好，心里多少会有些酸酸的。这种酸的力量可以被我们用来激励自己，赶超别人。

在中学时代，我有时会把某个成绩比我好的同学，当成赶超的目标，这样我学习的时候会更有动力。当我跟学生提起这件事的时候，他问我："那你当年级第一的时候呢？你当时是找谁当目标？"

"很简单呀，那时比年级第二名总分高 20 分就是我的目标呀！"我不假思索地回答。

读者柳平原来成绩在班级 15 名左右，看到前几名的同学开心又自豪，看到他们可以获得老师和同学的认同和赞赏，觉得很羡慕，心里也有些酸，很想像他们一样取得好成绩，证明自己。这种动力是后来帮助他成为第一名的关键因素。

有些人羡慕别人，会演变成嫉妒，见不得别人的好，恨不得把别人拉低到自己的水平。例如个别小气鬼不愿意跟同学分享好用的学习资料，这就是没有正确使用酸的力量。我们应该要想着加强自己，而不是削弱别人。竞争对手越强，越能刺激我们变强。

有些人虽然心里有点酸，但是又不愿意努力，于是便喜欢自欺欺人，吃不着葡萄说葡萄酸，在学校的时候喜欢说："学习好有什么用？都是些呆子，我才不想这样呢！"工作以后喜欢说："当官的有什么了不起，都是些拍马屁的家伙。有钱人有什么了不起，钱赚得都不干净。"甚至踢球时都会想："他踢球比我厉害又能怎么样，只是个四肢发达头脑简单的蠢货。"每个人都有自尊心和荣誉感，我们应当为了维护荣誉而努力，不应为了维护荣誉而自欺欺人，否则真是可笑又可怜。

看见别人成绩比自己好，觉得心里发酸，这并非坏事，而是人的正常反应。心里的酸来源于荣誉感，正是因为有荣誉感，我们才不甘心比别人差，才想要进步。没有血性、不知羞耻的人，心里是不会觉得酸的。

学生没有荣誉感，就难以努力学习。活在这个世界上，每个人都应该为自己的职责而努力。学生虽然不需要挣钱养活自己，但是也有自己的本分。学生的荣誉感就在于做好自己的本分，努力学习取得好成绩。一些学生只求索取，不想回报，只希望玩，不愿意学习，自甘堕落，考得不好也嬉皮笑脸，觉得无所谓，这正是丧失了荣誉感的表现。

五、苦的力量

世界有其残酷的一面。为了活下去，一切生物在逆境中都会出现试图挽回损失的补偿现象。比如一棵树在面临干旱威胁的时候，它的根会长得更密更长，以吸收更多的水分。一个人如果失明了，他的听觉和触觉都会变得比普通人敏锐。

每次我爸吃完饭，奶奶都要唠叨几句"吃饱没有，再来一碗吧？"我起初很不理解她，爸爸如果觉得饿，自己会吃呀，哪用得着别人天天提醒。而且现在的人都是怕吃太多，得高血压和糖尿病，巴不得少吃点儿。天天听见奶奶的唠叨，让我很厌烦，我忍不住说道："爸爸如果饿，自己会吃呀！"这时，爸爸告诉了我为什么奶奶会唠叨。以前生活困难，他小时候经常吃不饱。奶奶对此很内疚和自责，所以 50 年来，她一直忍不住要劝她儿子多吃点，想要补偿他当年受的苦。

对于一切生命，挫折和痛苦都是难以避免的事情，我们不应该自暴自弃，或像鸵鸟一样把头埋在沙子里逃避现实，而应该将其化为动力，提高自己、弥补过错、挽回损失。

读者"小女孩 964"正是在面对挫折时，将痛苦化为动力，从而取得了进步。

初一暑假开始接触言情小说。小说中虽然充满各种幼稚的剧情，但不能否认，烂漫离奇充满王子真爱气息的剧情很讨女孩子欢心。

初二开学后，我作业也不写了，把时间都用在看小说上。明天要交作业怎么办？没关系，ABCD 乱写一通。月考的时候，成绩是年级段 600 多名，英语 20 分，语文和数学都没及格。唯一及格的是刚学的物理，61 分。

没人能想到我拿到数学成绩的时候是怎样的怔愣。我的数学呀……曾经是数学的佼佼者，现在……

班主任给家长打了电话。我已经不想回忆父亲暴怒的表情和母亲失望的叹息。

我哭了。

初二剩下的时间，我稍微努力了点。客观地说，真的只是稍微。言情小说照旧看，我割舍不下。成绩还算有起色，从600多名进到400多名。

真正让我蜕变的是初二升初三的那个暑假。

母亲帮我报了个英语补习班，我暑假天天去那个老师家补课。学生有很多，四十几个，挤在一个小房间里听课、做练习。那里的学习方法很有意思，班上的同学分为A、B两组，通过小测验成绩、背诵课文篇数、作业完成情况等进行竞争，赢的那个组可以加分。每个季度清点一下分数，分数低的那个组请全班人吃饭。小测验没过关的要留下来补考，直到过关了才能回家。

我第一天去的时候，小测验成绩很低，第一次补考也没过。老师拿出一张单词默写小测验卷子给我做。100个单词，我只写出了七个，还有四个是错的。老师鼓励地拍拍我的肩，说你第一次来，还没来得及背，没关系，不用补考了。

第二天，我四点钟爬起来背当天的100个单词（班里每天考100个单词，早上八点开始上课）因为我那时候记忆力太差了，我从四点背到八点，100个对了七十几个。我低着头，都没好意思说这是我四个小时的成果。

我毫无疑问地补考了，除了单词卷子，还有一份阅读小测验也要补考。因为我的基础极差，记忆力也不好（荒废了一年当然不好），很多小测验卷子都要重做三遍甚至四遍才能达到要求。别人上午十一点就可以走，我往往要拖到下午一点，还拖累帮忙改卷的同学留下等我。

这种情况持续几天之后，老师终于站出来了。她说了一句话，非常轻描淡写的一句话，却改变了我对学习的态度，甚至改变了我的一生。

她说："以后你的小测验，80分就算过吧。"（别人都是90分。）

就是这么轻描淡写的一句话，让我心中无比苦涩，我记恨到现在，也感恩到现在。

我知道她是想放过我，以及因为要帮我改卷而和我一起留到很迟的同学。可是，我就是不甘心。为什么？我为什么要和别人不一样？我格外小心眼地认为这句话侮辱了我的人格！把我作为一个人，一个普通人的尊严狠狠踩在脚下！

为什么要有这样的分别？成绩不好就该被分到更低的那个层次！天经地义！理所当然！我以前太安于中等生的称谓，不去看那些优等生头上的光环，不去想他们在同龄人中怎样出众怎样光彩夺目，不努力向他们靠近！而是嘲笑着那些"差生"，得意扬扬地藐视他们，恨不得所有人都知道还有比我更差的，差得离谱的。多么可怜、可笑、可悲！

那样的我，无知而懦弱的我，因为老师这样不经意的一句话，奋起了。因为全班就我一个人以更低的标准算分，因为我已经被他们划到了英语"学渣"的范围。当你真正意识到，真切地感受到，学习真的与自己有关的时候，一切都会不一样。改变了只为老师父母而读书的态度后，真的，一切都不一样。

我前面提到过，班级是小组制的。可惜我不仅不能为小组加分，还时不时给他们拖后腿。加分最快的方式就是背课文，在规定时间内找另一个组的同学背诵，一篇一分。为了不拖累无辜，我就在家先背好再去班级。我敢肯定，我虽然不是全班最聪明的，也不是英语底子最好的，但绝对是最认真的那一个。

我听课不再像听戏一样，补考是认认真真地补考，虽然说及格线比别人低，但我在心里默默给自己加了个等级，如果没到90分，就当自己没过。

半个月后，老师提高了我的过关标准。然后，经过两个月的疯狂背单词、背课文，以及补课和补考，我的记忆力、理解力、思维能力得到了大幅度提高。

记得有一次在学校老师发的卷子中，看到了一道和我在补习班做过的一模一样的阅读题。我欣慰地笑了，这道题我做过三遍了。

有一个词语，叫一通百通。初三第一次月考，我考了年级80名（要知道年级前80名是有保送市一中的机会的），震惊了所有人。不仅英语成绩大幅度提高，我的语文、数学都有明显的进步。中考成绩出来后，我英语146，是全班最高分。还有新学的化学，接近满分。我终于也算走进了优等生的行列，而不再是远远地看着，认为那与我无关。

当你的学习欲足够强烈的时候，你会费尽心机地挤时间去学习，你会为一道题琢磨上一个星期，你会不断思考如何才能学得更好，你会在上学放学路上回忆数学的知识点。这样怎么可能不进步，怎么可能学不好！

六、辣的力量

有一种激情叫科比·布莱恩特。

太多人爱这个视自己为训练机器的胜利强迫症患者，这个极有个性的巨星。当然，也有太多人讨厌这个人：肘击对手、不合理的投篮选择、垃圾话……不喜欢一个人的理由可以有很多。如果你是个篮球迷，你可以不喜欢他，你可以咒骂他，但是你不可以不尊敬他，你不可以不敬佩他的努力与顽强。

科比访问中国时说，飙"垃圾话"有时也是刺激自己变得更强的一种方式。"我以前训练的时候，特别是一对一时，常常喜欢互相飙垃圾话，因为对方说垃圾话，或者不断贬低我，说我不行，对我来说是一种要不断变得更强的刺激，我就喜欢这样的挑战。"

让我深为佩服的是，面对外界辛辣的质疑和批评，他的确可以将其化为能量，爆发出全部潜能，打垮面前的球队。以下就是他的部分事迹。

片段一：官司缠身，愤怒科比在球场怒夺大比分。

2003 年休赛期，科比遭遇官司，他受到了舆论强烈的批评和谴责。此后一段时间他一直在法庭和球场之间来回，经常刚下飞机就要奔赴球场。在官司中积攒的愤怒，科比都发泄到了对手身上。

法庭一亮相，球场就爆发。最经典的一场是季后赛面对马刺的第四场比赛，科比在三个小时内从法庭赶回球场，然后拿下了 42 分 6 个篮板球 5 次助攻 3 次抢断的抢眼数据，带队获得了胜利。

片段二：仅排第七遭遇轻视，科比一场得 48 分讽刺专家。

2011 年 NBA 停摆期，美国媒体 ESPN 对现役球员进行了排名，科比被排到了第七位，低于詹姆斯、霍华德、韦德、保罗、诺维茨基和杜兰特。

排名极大地刺激了科比。该赛季的第 11 场比赛，科比全场得 48 分，31 投 18 中，并带队击败了太阳队。赛后他讽刺了 ESPN 的

排名："对于一个在联盟只排在第七名的球员来说，今天晚上的表现还算不错吧？"

片段三：投篮21次中3次成焦点，科比怒骂质疑者白痴。

2012年的一场比赛，在湖人队和黄蜂队的比赛中，科比21投仅有3中。赛后媒体对科比的低命中率和高出手进行了狂轰滥炸，他被推到了风口浪尖。

这又一次激怒了科比。"背靠背"（直译是"连续两次"的意思，一般指球队连续两天客场作战，而且在不同的城市）的第二天，面对勇士队，科比28投16中，拿下了40分外加5次助攻。赛后科比接受了采访，批评那些质疑者为白痴："16年了，我遇上过的白痴之多，真是让人沮丧。"

脸上被人扇一巴掌，会火辣辣的疼。生活中我们难免会受人批评和非议，心里也会很难受。很多人会尽量忘记这种不快的事，或者被批评得多了，皮厚了麻木了。但科比会选择记住它，将其化为动力。他会以最优异的表现发泄心中的愤怒，回击别人的批评和质疑。这就是辣的力量。

我们要记住遭受的批评和轻视，不仅是因为要将其转化为辣的力量，更关键是要防止这种事情再次发生。很多人受到批评后会努力一阵，然后好了伤疤又忘了疼，下次又会挨训。这就很像是牛和马，不抽不好好干活。

人受到批评和指责很容易产生抵触情绪和逆反心理。有些人不管批评的对错，你叫他努力，他一定要比原来还懒，而且还以无视他人的指责为荣，觉得这样做有个性。其实仔细想想，只是不知羞耻而已。

我们记住遭受的批评和轻视，不是说要报复别人，这样只会耽误自己干正事。很多批评我们的人，是出于对我们的爱护，希望我们好，才说这些话，我们自然没必要报复他们。如果是心怀恶意、见不得我们好的人对我们进行攻击，以此为动力提高自己，把自己变得更好，就是对他们最好的还击。

酸甜苦辣皆为营养，就是指我们可以有意识地在脑海中，想象自己面对人生中酸甜苦辣时的情景，调动自己的情绪，从而调动自己的潜意识和执行力。不用花很多时间，只要一分钟就好了，所以也被称为"一分钟激励法"。

擅于自我激励，有利于我们完成各种计划。我的另一位堂妹吴欣怡制定学习计划后经常出现三分钟热度的情况。我告诉她这种一分钟激励法后，她便在制定计划的笔记本后写下了关于酸甜苦辣的话。在执行计划的时候，每隔一个小时，便看其中的几句话，激发自己的斗志。而且每激励一次，她还会在计划里打钩，并在那句话后标一个星号，看见笔记本上的很多星号，可以产生更多激励。

吴欣怡周一晚上学习计划

19：00—19：30　复习笔记

19：30—20：30　英语作业

20：30—21：30　数学作业

21：30—22：30　语文作业

22：30—23：00　复习错题

激励

19：00（　　　）

20：00（　　　）

21：00（　　　）

22：00（　　　）

23：00（　　　）

吴欣怡的酸甜苦辣

甜的力量

1.努力的价值。

中考离重点高中差一分就要交上万块钱，高考分数的价值远大于中考。保守估计，每认真学习20小时提高一分，哪怕只按一分一万块钱来算，那么我学的这一个小时也至少相当于赚了500块钱了。每认真学一天就赚了一部苹果手机！

2.努力带来未来的美好生活。

我要努力学习，取得进步，自己会很得意，还能获得老师和同学们的认同和尊重。

我要努力学习，考上厦门大学，住进一个海景宿舍，欣赏芙蓉湖的黑天鹅和情人谷的相思树，还要在海滩散步和游泳！

之前看见时尚杂志里有很吸引人的衣服、美食和演出信息。我要努力学习，以后找个好工作，也能吃到时尚杂志里的鱼子酱和空蝉怀石料理，也能到繁华的大城市里过上丰富多彩的生活！

我要在春天去浪漫之都巴黎。在露天咖啡馆小酌，看着来来往往的行人；或者拿出半天时间，在巴黎的街道里闲逛。就这样随着时光流逝，在慢节奏的生活中体验真正的巴黎风情、浪漫之都。

我要在夏天去非洲，到埃及欣赏金字塔的雄伟和尼罗河的壮阔，到肯尼亚驾车观看动物大迁徙。

我要在秋天游览黄石公园，欣赏老忠实泉和枫林红叶。镜面般的黄石湖上氤氲着薄薄的雾气，租一条小船，泛舟于湖上，吟出"碧云天，黄叶地，秋色连天，波上寒烟翠"。

我要在冬天到芬兰寻觅极光，乘坐可爱的哈士奇雪橇，欣赏黑暗夜空突然被奇妙光束点亮的景色。艳丽的夜间彩虹，旋转地舞动。

3.努力实现理想。

我不甘心只做一个普通的家庭主妇。我希望通过努力，最终能成为一个非常了不起的商界女强人，全球飞来飞去，开创一个商业帝国！

4.努力本身的快乐。

学到新知识能体会到乐趣和新鲜感。

复习课本和错题时，我能将原本不熟练的旧知识彻底掌握，融会贯通，体会到进步的成就感。

当我努力学习时，我能感觉到自己在做正确的事，是在实现自己的人生价值。我感觉到一种充实的快乐！

使人觉得痛苦的不是学习，而是思想斗争产生的纠结。学习远不像想象中那么痛苦，而且投入其中还蛮开心的。

5.希望能通过努力回报父母的养育之恩，我要成为你们眼中的骄傲。

6.今日充实开心，未来幸福快乐！

7.自控很有成就感，很爽，我超爱自控的感觉！

酸的力量

1. 我羡慕学霸们获得的荣誉与快乐，希望也能像他们一样上台领奖。

2. 别人能做到的，我也可以！

苦的力量

1. 上次数学考试竟然不及格，真是奇耻大辱！一定要加倍努力赢回来！

2. 家里收入很一般，父母养我不容易，一定要争气！

3. 被人在背后议论和嘲笑，非常不爽！一定要化悲愤为动力，提高自己。我要感谢所有打击和伤害我的人，是你们让我变得更强！

辣的力量

1. 上课看小说，被老师抓到，骂得狗血淋头，非常丢脸。以后一定要努力学习，绝不再看那些没用的小说。

2. 考试成绩差，被爸妈骂。

3. 我绝不想再被人看扁了！

其他

1. 勿以恶小而为之，勿以善小而不为。

2. 每一个不曾起舞的日子，都是对生命的辜负。

3. 要像施一公那样努力拼搏！

4. 压力大时，可以降低目标，尤其是降低短期目标。

5. 学习的进步是慢慢来的，绝对不能急！

6. 那些挫折，都将让我变得更强！

7. 就这点困难吗？满足不了我呀！

8. 就这点无聊吗？影响不了我呀！

9. Come on baby！再多来一点，还不够！

　　吴欣怡说："经常看看这些话，可以增强斗志，提高效率。有时甚至会觉得有股热血在往头上涌。而且在使用这个方法的过程中，我会经常打钩和画星号，有点小小的成就感。在这些激励自己的话中，我觉得最有效的就是'自控很有成就感，很爽，我超爱自控的感觉！'和'今日充实开心，未来幸福快乐！'以前每当我学不下去想偷懒的时候，我会告诉自己不要玩，满脑子都是不能玩的痛苦，坚持不下来。现在我会告诉自己这两句话，脑子里想的是快乐，再笑一笑，效果会更好。"

第七章

如何正确地定位自己

　　我一直对长相很自卑，总觉得自己长得很抱歉。这种自卑心理越来越严重，让我非常敏感。大一时，舍友车单奇在卧谈闲聊时，随口说了一句："我觉得这个世界上绝大多数人都长得差不多，各有优缺点。长得很好看的人是极少数，长得特别丑的人也是很罕见的。"

　　言者无心，听者有意。这句纯属无心的话居然触碰到了我敏感的神经，顿时让我思绪万千。"车单奇你到底在暗示什么？是在安慰我吗？是说我不是属于那种很罕见的长得特别丑的人吗？我才不要你的安慰和同情！"这句话居然在我内心中激起了巨大的波动，以至于时隔多年仍令我印象深刻。如此玻璃心真是可笑又可怜，不过没办法，当时就是这么幼稚和自卑。

　　一个人越是自卑，就越会表现得内向、拘谨和胆怯，如此一来就更加缺乏魅力了。当时的我，跟人说话经常低着头，不敢也不愿直视对方，总是一副驼背的样子。

　　没有人会喜欢一个内向自卑的可怜虫，我也缺乏追求女生的勇气和自信，所以本科四年一直单身。研一的时候，我硬着头皮尝试着去追了几位女生，结果都失败了。好在我并没有放弃，而是进行了反思总结，不断地改进。最重要的就是要有自信，每个人都有优点，我可以多想想自己的优点，这更容易有自信。我甚至在一张纸上挖空心思总结出了自己的几十个优点：身高 1.83 米，不抽烟，不嗜酒，爱好运动，浓眉大眼……甚至把老妈是妇科医生这种无关紧要的事情也写出来了。看着纸上密密麻麻的优点，我变得更有自信了。

而且我开始尝试改进自己的言行举止，我注意抬头挺胸，跟人讲话直视对方，表现出对对方的尊重和重视，乐于进行眼神交流。不知不觉中，这些自信的外在表现又促使我内心更加自信，居然逐渐开始受到女生的青睐。

我终于明白，自己既不是一个大帅哥，也不是一个丑八怪，只是一个长得很普通的人。正如车单奇所说，"这个世界上绝大多数人都长得差不多，各有优缺点，长得很好看的人是极少数，长得特别丑的人也是很罕见的"。99.9% 的人都没必要为自己的长相担忧。除非你少了只眼睛或者鼻子，否则别人根本不会关注你，也不会觉得你很特别。无谓的担心反而会让自己变得自卑和畏缩，这个后果可比长得丑严重多了。

不仅是长相，天分也是如此。这个世界上绝大多数人的天分是差不多的，爱因斯坦般的天才很罕见，智力障碍的人也很少。面对高考、中考、考研等非竞赛类的正常考试，99.9% 人都没必要为自己的天分担心。

经常会有读者问我："考上北大清华等名校是否需要极强的天分？"事实上，我在北大求学多年，认识了许多北大清华的学生，从未见过一个类似《最强大脑》节目里的那些天才。绝大多数北大清

华学生都是普通人，并非过目不忘的神童。在北大，我并没有见识到神奇的记忆力或者计算能力，而是遇到了无数上进心极强、沉迷于学业的人。他们的屁股就像长个钉子一样，牢牢地钉在图书馆的凳子上。

考上北大清华等名校，需要的并不是天分，而是极强的上进心，越挫越勇的斗志和正确的学习态度。

如何正确地定位自己呢？我们要明白绝大多数人的天分都差不多，自己既不比别人笨很多，也不比别人聪明很多。这样我们就不至于盲目自卑，丧失前进的勇气。

有些人有"天分决定论"，一遇到挫折，就喜欢将其归结为自己天分不够，很轻易地就放弃了。把黑锅甩给天分，而不去反思自己身上存在的缺点和坏习惯，这显然是很愚蠢的行为。相反，认同"绝大多数人的天分都差不多"的人，在遇到挫折时，不会做无谓的抱怨，而是积极地寻求改进。哪怕我初二在班上考倒数的时候，我也始终坚信自己绝不比考年级第一的同学笨一丝一毫。正是这份乐观与自信，使我从容面对无数的困难与挫折，从来没有想过放弃或者有自己不行之类的念头。面对失败，找到原因，自我改进，这早已成为融入我血液和骨髓的习惯。

我原本以为这个世界上所有人都有跟我一样的思维模式，但是后来才惊讶地发现并非如此。

许多读者经常在贴吧里问我："为什么我总是难以进步，是不是因为我比别人笨？怎么办？"我通常会点击他的贴吧帐号，看看他的发帖纪录，果然又是一个在贴吧疯狂发帖的人。为什么明明是自己不够努力，却要把锅甩给天分？

需要注意的是，自信也不是越多越好，我们不应盲目高估自己。

虽然大家都生活在人群之中，经常与人接触，但是最直接体会的，只有自己的思想和意识。因此很容易形成自我中心，把自己当成这个世界的主角，认为自己是一个很特殊的人。

我在大二暑假的时候进入实验室实习。进入实验室之前，我非常兴奋，浮想联翩。我想象自己的科研生涯会特别顺利，进实验室几个月就做出伟大的成果，大三的时候就能获得诺贝尔奖。上课时，老师点名发现我不在，同学们纷纷告诉他，吴业涛去领诺贝尔奖了。我越想越开心，简直激动得睡不着觉了。

可惜理想丰满，现实骨感。事实证明，我的天分和运气都很普通，与绝大多数人并没有多少不同。本科阶段的实验，我也就是个打杂的学徒而已，进入实验室多年，历经成千上万次的失败，我才发了第一篇论文。当然，是一篇与诺贝尔奖八竿子打不着的论文。

我是个超级乐观的人，类似搞笑的狂想还有很多。每当我打算做一件事情的时候，总是习惯性地去想自己像小说或者影视剧里的主角一样，会有比别人高一等的天分和运气。乐观本是好事，但是如果觉得自己的天分和运气与众不同，那往往就会受挫或者拖沓。比如觉得自己肯定能成功，便容易产生"今天先好好放松玩一玩，等明天再努力"的想法。这是一条非常常见的通往失败的道路。

我们虽然要自信，但是一定要明白，自己既不比一般人笨，也不比一般人聪明，可能会取得成功，但是依靠的是超出常人的长期努力，而不是天分或者运气。

有些人听完这个观点后，心中仍有疑虑："不对呀！明明同样的学习时间，有些人就会比一般人分数高不少。"其实，这个差距的关键并不是天分。

同样的学习时间，完全不能代表同样的努力。同样学一个小时，

有些人学得漫不经心，有些人学得很积极主动，效果差别极大。学习态度的差距往往比天分的差距大得多，也重要得多。

另外，学习方法的差距，也会导致学习效率的差别。许多人只喜欢做新题，没有多次复习课本和错题，看上去虽然做了很多题，但基础不牢，效果极差。还有人经常抱怨道："我每天只睡五个小时，为什么成绩还没别人好？是不是因为没天分？"这跟天分有什么关系呀？你每天只睡五个小时，大脑迟钝效率低，如何能进步？长此以往，别说是普通人，即使是天才的大脑都被整傻了。

第八章

如何保持专注

在执行学习计划的时候，难免会遇到噪音的干扰，这时候我会尽量换位置或者跟周围的人友好沟通，让他们安静一些。但很多时候我无法改变环境，厌恶这些噪音，怕被它们降低效率，却又无可奈何，只能用意志力抵抗噪音的干扰，不断地提醒自己："我要专心学习！不要理那些声音！我要战胜这些噪音！"但是这些斗争都是徒劳的，噪音根本无法从我的脑海中排除，而且这些斗争让我感觉非常烦躁，更难专心学习。

后来我看了一些科普文章，里面说，人类经常会看到或听到海量的信息，其中很多信息是无用的，为了提高效率，大脑会自动忽略无用的信息。例如人在一个嘈杂的环境待了一会儿后，便会逐渐忽略无用的背景音。我看到这里觉得很奇怪，既然大脑会自动忽略无用的信息，为什么我无法克服噪音的干扰呢？我想了好一会儿，才明白原来我在用意志力排斥噪音干扰的时候，其实就是在不断地提醒自己"这里有噪音，很讨厌，我要击败它"。本来顺其自然就能忽略的东西，却被自己反复地强调，而且这种排斥噪音的斗争会让人烦躁，越烦躁我就越想排斥噪音，如此恶性循环，自然难以专心

学习。真是自寻烦恼！

　　后来在应对噪音时，我调整了心态，尝试去接受它，甚至采用了欢迎的策略。我会告诉自己："噪声再大声一点，还不够！"一边在心中大喊，一边情不自禁地做出兴奋的表情和手势。这些奇葩的念头能把我逗乐，让我处于一种乐观的状态，我也就不那么反感噪音，很快就能忽略它，专心学习。这种方法我屡试不爽，觉得蛮不错，推荐大家也试试。

　　噪音本身带给我们造成的干扰是有限的，我们的大脑天生自带忽视噪音的功能。对它不必强烈地反感，稍微有些耐心，大脑慢慢就能忽视它。有些人被严重地干扰，只是由于错误的应对方式。这就有些像游泳，人体的密度与水的密度非常接近，只要深吸一口气，全身放松，哪怕完全不动也能浮起来。既然浮起来并不是难事，为什么还会有人被淹死呢？这也是因为错误的应对方式。不会游泳的人一落到水里，会非常排斥水，特别地紧张和恐惧，拼尽全力胡乱地与水搏斗。越是这样，全身肌肉就会收缩得越紧，胸腔和腹腔中的空气就会越少，人体密度就越大，越会往下沉。而越是往下沉，心里就会越排斥水。如此恶性循环，自然就会不断地下沉。使人下沉的并不是水，而是排斥水的心理。

因为担心被淹死，所以这种排斥水的念头远比排斥噪音的念头强大，没那么容易克服，需要多次练习。而接受噪音可比接受水容易很多，我很快就学会了。

许多读者没游过泳，那我就再举个骑单车的例子。小脑天生自带平衡的功能，骑单车是一件很容易的事，那为什么许多人在练习单车的时候骑得歪歪扭扭，摔得很惨，就像没有平衡功能一样呢？其实，使人们摔倒的，不是单车，而是对于摔倒的恐惧，是对于"失去平衡"的过度排斥。骑单车有时车把往左偏一点，是非常正常的事，会骑车的人根本不会大惊小怪，直接往右稍微调一点就行了。但是不懂骑车的人，满脑子想着"一定要稳，千万不能失去平衡"，面对这种情况会吓一大跳，往右拼命扭，发现不对又会很着急地往左扭，如此这般扭来扭去，不摔倒才怪。谁都不愿意在骑单车的时候失去平衡，但是不会骑车的人，反应过激了，亲自动手把小干扰变成了大麻烦。

因为担心会摔伤，所以这种"排斥失去平衡"的念头远比排斥噪音的念头强大。从这点考虑，骑单车可比接受噪音难不少，能学会骑单车的人，也能学会接受噪音。

飓风过岗，伏草惟存。我见过能把房子吹垮的台风，却从未见过能把草吹死的台风。草都是顺风倒，根本不受力，风再大也没用

呀。当我们无法改变环境时，当我们不得不面对持续的噪音时，我们没必要用意志力去对抗它、排斥它，而应该做出一副接受它、欢迎它的姿态，告诉自己："就这点音量吗？满足不了我呀！我爱死这些声音了，声音越大我学得越高兴！求你再大声一点，还不够！"我们未必真心欢迎噪音，但是这种乐观的姿态能减弱我们对它的排斥，从而减轻它对我们的干扰。

【我在写这段话时，正好从屋外传来一阵广场舞的音乐，声音还挺大。使用欢迎策略后，我并没有受到多大干扰，而是微笑着将其忽视。】

第九章

如何应对焦虑

博士毕业需要发论文。我把论文投往学术期刊以后，等待审稿这段时间会很焦虑。这篇论文毕竟是几年的心血，如果被拒稿怎么办？这个研究领域很热门，如果被别的实验室抢先发出了类似的论文怎么办？一想到这些，我就无心做事，坐立不安。审稿的周期挺长，往往需要几个月，照这样下去，我非得崩溃不可。

我意识到如此焦虑有百害而无一利，连忙调整自己的心态。先是接受最差的结果，如果最差的结果都能接受，这个问题就不那么可怕了。

最差的结果是什么？如果论文被拒稿，我还可以投其他的学术期刊，会多花一些时间，可能要延期一年毕业。但是问题不大，这不是最差的结果。最怕的是别的实验室抢先发出了类似的论文，那我的论文就会变得非常无聊，肯定无法在好的学术期刊发表，只能在一些影响力很小的期刊发表。这是我最担心的结果。但是，我会死吗？不会。我会前途尽毁吗？也不会。虽然很惨，但是想到这里，我也能接受这种最坏的结果。

接受了最差的结果后，我的心就稍微平静了一些。这时我再想

想现在还能做些什么？于是我便重新开始做实验，试图修改论文，即使被拒稿，也能快速地将论文再投出去，不至于浪费时间。人一忙起来，自然就不会胡思乱想，心情也会好很多。

许多读者曾在贴吧问我关于焦虑的问题，焦虑大概可分为三种情况。

第一种情况是担心得不到想要的东西。比如有的读者会问："涛哥，清华是我的梦想，我非常非常想上清华，但是现在离高考只有200天，还差200多分，一想到这个我就会特别着急，急到学不下去，怎么办？"

对于这种情况，我会建议他接受最坏的可能性。考不上清华会死吗？不会。考不上清华就等于前途尽毁吗？也不可能。最坏最坏的可能性也就是复读呗，虽然很惨，但绝对不是无法接受的结果。

我还劝他调低目标："2—3年的长期目标可以设置得稍微高些，可以增强动力。但是你现在只有200天了，时间有限，应当把目标设置得更加合理，才容易有更好的发挥。好大学有的是，能上清华当然好，上不了也可以去别的学校。设置目标的作用是为了增强动力，促进我们前进，假如你发现压力过大，这个目标成了障碍，就应该调整目标。"

听了我的话后，他将目标调整为211大学，并且对以前的学习方式进行了改进，把手机上交父母，每天制定简单的容易实现的学习计划。有了改进措施后，他的信心增强了，又重新进入了良好的学习状态。

第二种情况是担心白忙一场。比如有的读者会问："涛哥，我初一初二完全就没学，现在初三想努力，却发现自己什么题都不会做，连课本都看不懂。像我这样的情况，根本考不上什么好学校，还有必要努力吗?"

对于这种情况,我会告诉他:"首先,不努力就肯定没戏,努力的话没准还有机会。初中毕竟比高中容易一些,我当年就是初三逆袭的。

"其次,努力带来的收获绝不仅是好的结果,努力过程本身就是非常有价值的,能够把人锻炼得更强。退一万步说,即使你最后没能通过努力考上好学校,但是这个努力的过程也能增强意志力,让你养成很多好习惯,有利于未来的发展。每一分钟的努力都不会白费。假如你现在不努力,只会越来越懒,不断地给未来的自己挖大坑。你现在已经掉到坑里了,又何苦要接着挖。

"虽然很艰难,但是办法总是有的。你可以请家教辅导,或者买些讲解类的参考书,平时再多问老师和同学,一点点慢慢学。"

第三种情况是纠结于选择。有的读者会问:"涛哥,我到底是学文科好还是理科好?犹豫了几个月,非常纠结,影响了学习。"

对于这种情况,我会说:"连你自己都不知道选哪个,我又怎么能知道?主要是根据你以后就业的偏好和目前擅长的科目来选。

"你纠结了几个月,说明学文学理对你都差不多。那就不必再浪费时间纠结了,纠结再久都一样。在选择差不多的情况下,不必强迫自己做出最完美的选择,赶紧选一个就行了。学文学理各有优劣,完美的选择根本就不存在。选择虽然重要,但是执行远比选择重要。在差不多的选择上浪费了大量的时间和精力,耽误了执行,是最错误的选择。"

有件事情让我印象很深。我有两个师弟,都是在北大学生物的。在大二暑假的时候,他们都产生了转行做金融的念头,也都进行了一番咨询和调查。但是转行毕竟是件大事,他们也都犹豫了。A师

弟犹豫了一个晚上，决定转行。B 师弟犹豫了一个月，每天都吃不香睡不好，白头发都长了好几根，最后也决定转行。

他们两人都选修了经济学双学位，在本科毕业后进入了金融行业，但是起薪却相差 10 倍以上。B 师弟进的是会计师事务所，年薪不到 10 万；A 师弟进的是著名投资银行，年薪 100 多万。他们的学历是一样的，能力却相差很大，所以收入完全不同。果断，正是执行力强的表现。有些人连买个冰激凌都能选很久，到了做重要决定的时候，肯定特别纠结。所以在平时的小事中，就要提醒自己快速决定，培养果断的品质。

第十章
如何进行量化激励

　　我是一个野心极大、不易满足的人。上了北大以后，依然像中学那样无数次激励自己要努力学习，制定了很多学习计划。可惜我往往只是三分钟热度，好好学习几天或几周后，便又变得懒散。

　　为什么中学的时候，我怎么学都不会累，越学越上瘾，到了大学却难以坚持呢？关键在于，中学阶段的小考试很频繁，我努力学习几天后，便能清楚地看到自己取得好成绩，获得激励，从而更努力地学习。这类似于游戏通过等级、分数、经验值等数字的提升对玩家进行量化激励。（详情可见本人前作《秘笈：北大奇人怪招》）

　　游戏进行量化激励的频率往往很高。玩家每做出一个简单的动作，都能快速获得各种数字的奖励，这样玩家就很容易沉迷其中。初三和高中时，小考试的频率很高，同学们也比较容易被这三天两头的小考试带动起学习的热情，努力学习的人能较快地看到自己的进步。但是大学几乎没有小考试，许多科目甚至连期中考试都没有。这样在平时的学习中就容易缺乏激励，难以持久。同样，中学生在寒暑假时，也缺乏外界量化激励，容易懈怠。

　　其实，量化激励并非只能依赖外界。我们完全可以制定一套适

合自己的规则，对自己进行量化考核和激励。读者"響繡邇"在看了《秘笈：北大奇人怪招》的量化激励原则后，制定了自己的暑假学习计划。

读者"響繡邇"：我是一名复读文科生，高考607分，黑龙江省700多名，由于志愿没服从调剂，无奈复读。在那段迷茫自责的时光里，我看到了《秘笈：北大奇人怪招》，买了下来，并结合经验提出"贴吧升级法"，受益匪浅。

贴吧，有种群体叫"水军"，有种行为叫"水经验"，有种习惯叫"签到"，有种荣耀叫"等级"。这种种，不过是一点点数字激励，带来的却是莫大的精神满足。若将此方法用于学习，会带来什么呢？我大胆地将其结合，总结出贴吧升级学习法。

首先，我想要说明的是，任何学习计划和技巧，或多或少得带有创造者的主观意志，所以当我们借鉴使用时，应做到具体问题具体分析，结合自身情况来加以利用。设计这一计划时，我先仔细分析了一下自己的学习情况。2014年高考我语文122分、数学119分、英语115分、文综251分。很明显，我数学、英语成绩偏低，针对这一特点我制定了以数学、英语为主的学习计划。

学习升级计划

经验值获取方法
数学
做一道小题，经验值+1；
做一道大题，经验值+2；

每复习一道错题，第一遍经验值 +1，第二遍经验值 +2，第三遍经验值 +3，第四遍经验值 +4。

英语

每背 5 个单词，经验值 +2；

每背一篇作文，经验值 +10；

每做一篇阅读理解或完形填空，经验值 +2；

每复习一条英语语法知识，经验值 +1。

语文

每背一篇古诗文，经验值 +2；

每天早起签到，经验值 +3。

经验值由习题量和考试成绩所得，所谓多劳多得，高分多得，将自己的学习成绩无形化有形，已达到数字化激励效果。而加上升级法，将经验值累计以不断升级，带有刷级的快感，大大提高了学习积极性。如何设立等级？当然用大学啦，自己心目中理想的大学就是你刷题学习的动力。以一个月为例，附上我得到的分数与对应的学校，仅供参考。

所得分数与对应学校

0—50　黑河学院

50—120　佳木斯大学

120—210　黑龙江八一农垦大学

210—320　哈尔滨师范大学

320—450　黑龙江大学

450—600　东北林业大学

600—770　兰州大学

770—960　吉林大学

960—1170　四川大学

1170—1400　武汉大学

1400—1650　中国人民大学

1650—2000　北京大学

取得的成果

共积累经验 775 点，达到吉林大学的等级。获得经验值和升级还是很开心的。其实，经验值获取不仅仅是做题和考试，亦可以是相关体育锻炼、书桌整理。例如，你不爱体育锻炼，体质不好，那你可以用绕教学楼跑一圈 +10 经验的方式激励自己。

读者"響繡邇"的这个贴吧升级法采用了量化激励的方法，能够促使他在暑假中努力学习。此法新奇有趣，不足之处在于量化得太细致，每做一道题都要算经验值，统计的时候稍显麻烦。寒暑假时间充足，尚且有时间统计，开学后学习任务重，恐怕就难以坚持统计。

量化激励也可以用很简单的形式，比如之前提到的徐薇薇计算时间利用率的方法，即用当天的自习时间除以理论最大自习时间。

周一晚上的理论最大自习时间是 4.5 小时。假如她当天的自习时间为 4 小时，时间利用率是 $4 \div 4.5 = 0.89$，时间利用分为 89 分。按照她的标准，超过 80 分即为优秀，所以她就可以在台历上的这一天写上 89 分,并打个"优 ^_^"。

【**读者"poipoi"**:我每天给自己的时间利用率打分,80 分以上的评价为"清华",60 分以上的评价为"川大",60 分以下的评价为"复读"。我每周、每月、每年的最后一天都要统计一下自己的平均分。我今年高一,天分普通,从不期待飞速进步的奇迹,只相信通过自己三年稳扎稳打的努力,每天平均 80 分,就可以上清华。一想到这里,我就会充满激情和斗志,非常渴望能获得 80 分。】

量化激励的形式可以有无数种,欢迎大家根据自己的实际情况和个人喜好,采用最适合自己的方式,从而提高效率,更好地完成自己的计划。需要注意的是,大家制定量化激励标准的时候,一开始须参照自己之前的实际表现,务必制定得很容易。

第十一章

萝卜计划成功案例

标准的萝卜计划比起一般的计划多了应对措施、激励和总结这三项内容，而且最重要的是，萝卜计划特别强调在制定短期计划时，务必制定得很容易，慢慢一点点进步。萝卜的生命力再顽强，也经不起揠苗助长。

本章作为示范，选取的计划都是完整的萝卜计划，稍显复杂。读者可以根据自己的喜好进行调整，只要保证循序渐进、足够容易即可。

肖伟戒网计划

肖伟是一个大学毕业不久年轻人，刚参加工作，想充分利用业余时间准备司法考试，可是却经常忍不住上网，于是便制定了戒网计划。

目标

总目标：从 2014 年 10 月 22 日 9：30 起，戒除非必要上网。

分目标：日　戒（　　　）　　　周　戒（　　　）

　　　　双周戒（　　　）　　　月　戒（　　　）

　　　　双月戒（　　　）　　　季　戒（　　　）

　　　　半年戒（　　　）　　　年　戒（　　　）

步骤

1.隔绝诱惑。

① 将手机换成不能上网的非智能机。

② 在电脑上装"易通电脑锁"，控制上网时间。

③ 去附近的大学自习室上自习。

2.转移诱惑。

学累了想上网可以去打篮球、约朋友喝茶聊天、收拾整理屋子、看些报纸杂志、看书、去电影院看电影，等等。

3.战胜诱惑。

① 在上网之前，写好上网要干的事情以及所需的时间，一旦完成就立刻停止。

② 使用心中演练法，启动电脑，把鼠标放在浏览器上，看着它5—10分钟，就是不点它。多次进行这个练习，可增强意志力和自控力。

可能会遇到的问题和应对措施

1.问题：工作不顺，心情烦躁的时候忍不住想上网发泄。

应对措施：发泄解决不了问题，多想想如何改进，化悲愤为动力，加倍努力。或者对自己说："老子需要更多挑战，再多来一点儿，还不够！"

2.问题：会想着"只上一小会没关系的"。

应对措施：告诉自己，以前每次这么想都是错的，往往会一发不可收拾。勿以恶小而为之，勿以善小而不为。

3.问题：想着"明天再努力"。

应对措施：告诉自己："有福今天享，有难明天当。这样的蠢货每天都在吃昨天酿的苦果。这种错我已经犯了无数次了，今天就不犯了。"

自我激励

1.我超爱自控的感觉。

2.勿以恶小而为之，勿以善小而不为。

3.这种错，我已经犯了无数次了，今天就不犯了。

4.老子需要更多挑战，再多来一点儿，还不够！

5.我要当律师！

6.我要升职加薪！

7.今日充实开心，未来幸福快乐！

8.上网带来的快乐是空虚的、短暂的、令人后悔难受的。事业成功带来的快乐是充实的、持久的、幸福的。

执行过程中遇到的问题与改进

1.问题：有时候会忘记不能上网。

改进：不仅要在上网之前看这个计划，平时每天早上、下午、晚上，都要看看这个计划。

2.问题：计划失败，只做到两天不上网，之后就再也实现不了了。计划制定得太难，屡屡受挫，打击自信。

改进：我已经毕业了，缺乏学习环境，从经常上网一下子变成完全不上网不现实，所以要制定一个更容易的计划。每天下班后大概有 4 个小时的可支配时间，以前每天平均只用一个小时学习司法考试，一下子要求自己充分学 4 个小时太难了，所以改成循序渐进，并结合量化激励。第一个月，规定自己平均每天学 1.5 小时的司法考试。用笔在日历本上记录每天的学习时间，每天给自己打分，1.5 小时以下是差，1.5 小时是良，2 小时以上是优。每个周末和月底再统计一下平均的学习时间，再进行打分。

如果完成，第二个月规定自己平均每天学 2 小时，第三个月规定自己平均每天学 2.5 小时，依此类推，每月进步一点点。这个计划足够容易，容易到一定能实现。

肖伟学习计划 2.0

目标
通过司法考试。

步骤
循序渐进，一开始将每天的学习目标调得非常低，并结合量化激励，每天给自己打分。

可能会遇到的问题和应对措施
问题：可能某几天工作忙或者状态差，忘了打分，造成断档。

应对措施：将台历放在桌面显眼的地方，并且可以在后续

时候凭借印象大概估算前几天的学习时间，将分数补上。

自我激励

每月得到良，司考必过！

执行过程中遇到的问题与改进

计划实施顺利，2015 年 2 月平均每天学习时间为 2.3 小时，得优；3 月平均每天学习时间为 2.8 小时，得良；4 月平均每天学习时间为 3.2 小时，得良，信心倍增，状态良好。

以下是高二学生赵辉制定的学习计划，他希望考上同济大学，目前是年级 117 名。

赵辉学习计划

目标

终极目标：同济大学。

期末目标：年级前 50 名。

取胜之道

1.尽量完成各科老师的作业，并将错题复习三遍。

2.每天复习当天所学内容。

3.英语，每周将 100 个生词或短语背 7 遍，每周背两篇课文，每篇课文背 10 次。

4.语文，针对各种题型进行专项训练，平时空闲时候用本子积累论据和优美词句。

5. 数学、物理、化学、生物，将课本复习三遍以上。

吴业涛的分析和建议

1. 这个计划难度有点大，中短期目标应该制定得容易一点，不能揠苗助长。

2. 建议在制定计划时考虑到面临的主要问题与解决方法。

3. 建议每天进行体育锻炼，增强精力和意志力。

4. 建议在计划最后留出空白，写出执行过程中遇到的问题与改进措施。

5. 建议每天制定简单的容易实现的学习计划。

改进后的赵辉学习计划

目标

在两个月后的期末考试进入年级前100名。

方法

1. 每天简短复习当天所学内容后再做作业。

2. 各科都尽量完成老师的作业，并将错题复习三遍。

3. 增强精力和意志力，每天跑步或者做30个俯卧撑。

4. 英语：每周将100个生词或短语背7遍，每周背两篇课文，每篇课文背10次。

5. 语文：针对各种题型进行专项训练，空闲时候用本子积累论据和优美词句。

6. 数学、物理、化学、生物：将课本复习三遍以上。

7. 每天根据以上内容制定简单的容易实现的学习计划。

面临的主要问题与解决方案

1. 问题：经常使用手机上网影响学习。

解决方案：将手机换成不能上网的非智能机。

2. 问题：周末回家忍不住用电脑上网和玩游戏。

解决方案：去学校上自习，或者让父母把电脑设上密码，监督自己不要贪玩。

3. 问题：上课听课经常走神，效率低。

解决方案：

① 数学和物理这两科有点难，我的基础也不好，有时候会听不懂，上课前一定要预习。

② 当老师讲的东西很简单的时候，也不要开小差学别的，那样的效果不好，宁可多听一遍，使得印象更深，基础更扎实。

③ 人都有优点和缺点，多想想这个老师的优点，有利于听课更认真。要当个积极阳光的人，看人看事多看积极的一面，绝不做一个牢骚满腹的怨妇。

④ 勤写笔记，通过写笔记可以加深印象，并且可以使听课更加投入。

⑤ 下课后用一两分钟想一想这节课主要学到了什么，想不起来的地方就看看课本和笔记。

⑥ 给每节课的听课效率打分，认真是1分，不认真是0分，中间状态是0.5分。统计每天的得分，写在台历上。5分以上是优，4分以上是良。

执行过程中遇到的问题与改进

1.问题：时间感觉根本不够用，无法完成所有科目的任务。

改进：集中优势兵力，优先攻克比较容易进步的数理化生，尤其是物理、化学、生物这三门学科。在保证完成这些科任务后，再兼顾语文和英语不要退步。等这些科目取得显著进步后，士气大增，再彻底解决语文、英语这两科。

2.问题：取得了进步，化学小测验得了95分，全班第一！这是我的化学成绩第一次拿到全班第一！其他科的小测验成绩也不错。本来应该越战越勇，不知道为什么，有时候突然有种学不下去的感觉，可能是太累了。

改进：周末不可以玩游戏，但是可以通过踢球或者打乒乓球进行放松。

【这个是中期学习计划，所以稍微复杂一点。每天制定的短期学习计划可以很简单。】

赵辉周一晚上学习计划

18：30—19：30　　复习当天所学内容（　　　）

19：30—21：00　　做数学作业（　　　）

21：00—22：00　　做英语作业（　　　）

22：00—22：30　　复习错题（　　　）

22：30—23：00　　背英语单词【选做】（　　　）

加油

18：30（　　　）　　　　21：30（　　　）

19：30（　　　）　　　　22：30（　　　）

20：30（　　　）

时间利用分＝当天实际自学时间÷理论最大自习时间＝4.5÷4.5=1，即100分。评价：学神！

【"加油"，即用一分钟看看之前的中期学习计划的部分内容，如果松懈就看些给自己鼓劲的，如果压力大就看些给自己减压的。每看完一遍在括号里打钩，并在计划里打星号。许多人计划制定出来后就再也不看了，很快就忘记了。这个方法不仅可以经常激励自己，还可以经常看看计划，加深印象。】

赵辉周日学习计划

【先写出当天计划完成的任务。上午计划执行完后再根据实际情况制定下午的计划，下午计划执行完后再根据实际情况制定晚上的计划，使计划能够随机应变。】

任务与估计所用时间

1.做化学作业1小时。

2.做语文作业1.5小时。

3.做数学作业2小时。

4.复习物理课本和错题2小时。

5. 做物理作业 1 小时。

6. 体育锻炼 0.5 小时。

【短期计划一定要简单和容易实现，给自己安排的任务尽量少些，才能体会到完成计划的乐趣和成就感。】

周日上午学习计划

8：00—9：00　　做化学作业（　　　）

9：00—11：00　　做语文作业（　　　）

11：00—12：00　　做物理作业（　　　）

激励

8：00（　　　）　　　　11：00（　　　）

9：00（　　　）　　　　12：00（　　　）

10：00（　　　）

锻炼

11：00 50个仰卧起坐（　　　）

【赵辉：物理作业所需时间比估计的多，没完成物理作业，下午接着做。在家学习效率不够高，下午去学校学习。】

周日下午学习计划

14：30—15：00　　做物理作业（　　　）

15：00—17：00　　做数学作业（　　　）

17：00—18：30　踢球（　　　）

激励

14：30（　　　）　　　　　16：00（　　　）

15：00（　　　）　　　　　17：00（　　　）

锻炼

16：00　50次蹲起（　　　）

【赵辉：下午计划顺利完成！】

周日晚上学习计划

19：30—21：30　复习物理课本和错题

21：30—23：00　预习下周要学的数学内容和提前背些单词（　　　）

激励

19：30（　　　）　　　　　20：00（　　　）

21：00（　　　）　　　　　23：00（　　　）

22：00（　　　）

锻炼

21：30　30个俯卧撑（　　　）

打分：时间利用分＝当天实际自学时间÷理论最大自习时间＝8.5÷10=85，即85分。评价：学霸！

吴业涛化学小测验复习计划

目标
全班第一。

复习时间
4 天。

方法
将课本和错题复习三遍以上。因为平时已经充分利用假期和周末的时间提前完成练习册中第三章内容，并将课本和错题复习了一遍以上，所以考前将课本和错题复习两遍即可。复习课本的第三章两遍，大约耗时 3 小时。复习错题两遍，大约耗时 3 小时。

【复习错题并不是简单地光看不做，而是尽量将错题重新做一遍。单纯简单计算失误的题可以不复习；做题时没把握，靠运气或靠猜测才勉强做对的题也要当成错题多次复习；做题时拿不住，对完答案才确信自己做对的题要当成错题多次复习。考试考的不是会不会，而是熟不熟，我们要通过多次复习课本和将错题做得烂熟，使基础无比扎实，争取在考试时轻松愉快地写出正确答案。】

时间安排
周日：将化学课本的第三章复习一遍　1.5 小时（　　　）

周一：复习错题一遍　1.5 小时（　　　）

周二：将化学课本的第三章复习一遍　1.5 小时（　　　）

周三：复习错题一遍　1.5 小时（　　　）

成绩

96 分，全班第一。

心得体会

So easy！

吴业涛期末复习计划

目标

比年级第二名多考 20 分以上。

复习时间

7 周。周一到周六平均每天完成作业后剩下的自主学习时间为 3 小时（包含自习课），周日完成作业后剩下的自主学习时间为 6 小时。每周平均自主学习时间为 24 小时，7 周的学习时间一共 168 小时。我把学习看作打仗，期末复习战役拥有兵力：168 个师。

各科的题量和时间

数学：一本班级统一购买的特别厚的习题册 + 大量试卷 + 自己选购的两本习题册。

做完剩下的题目估计还需 10 小时，复习课本和错题两遍估计还需 40 小时，共需 50 个师。

语文：一本班级统一购买的特别厚的习题册＋大量试卷＋自己选购的两本习题册和作文选。

做完剩下的题目估计还需 3 小时，复习错题两遍估计还需 12 小时，共需 15 个师。

【复习语文课本主要复习老师上课分析课文的笔记，学习其中的阅读题答题术语。此外还有背诵古文和诗歌。这些主要在每天的早读进行复习，期末不做专门的安排。作文选是作为调剂，学累的时候才看，不做专门的安排。】

英语：一本班级统一购买的特别厚的习题册＋大量试卷＋自己选购的两本习题册。

做完剩下的题目估计还需 5 小时，复习错题两遍估计还需 15 个小时，共需 20 个师。

【寒暑假已经提前多次背了英语单词和课文，英语课文和单词主要靠平时早读复习，不需要额外再花大量时间。】

物理：一本班级统一购买的特别厚的习题册＋大量试卷＋自己选购的两本习题册。

做完剩下的题目估计还需 7 小时，复习课本和错题两遍估计还需 25 小时，共需 32 个师。

化学：一本班级统一购买的习题册＋大量试卷＋自己选购

的两本习题册。

做完剩下的题目估计还需 3 小时，复习课本和错题两遍估计还需 21 小时，共需 24 个师。

生物：一本班级统一购买的习题册＋大量试卷＋自己选购的两本习题册。

做完剩下的题目估计还需 3 小时，复习课本和错题两遍估计还需 20 小时，共需 23 个师。

期末复习战役至少需要 164 个师，剩余 4 个师作为预备队以备各科不时之需，比如进一步加强数学。期末复习时，前 4 周侧重数学、语文和英语，后 3 周侧重物理、化学和生物。

【除了班级统一购买的习题册外，我各科都额外购买了 3—5 本习题册或者参考书，但是我不可能全都做完，只是选出其中适合自己的 2 本来做完，遇到部分困难的章节，我会多做几本。每个学校的题量都不一样，每个人的做题速度也不相同，我在这里只是给大家提供一个参考，并非让大家盲目效仿。一般说来，做题多当然是好事，但是需要优先将课本和错题复习三遍以上，在满足这个条件的前提下，才多做新题。】

方法

1.尽量提前完成各科习题册，希望在最后三周前完成所有习题册。

2.将课本和错题复习两遍。

【因为平时在学习和准备小考试的过程中已经将课本和错题复习了很多遍，所以在准备期末考试的时候只需要将课本和错题再复习两遍即可。由于已经非常熟悉，期末再复习的时候，速度会很快。而且我平时充分利用假期和周末的时间超前学习，学习进度和做题进度比老师布置的快，所以复习时间较为充裕，比如在寒暑假已经提前多次背完了下学期的英语单词和课文，这样下学期背单词和课文时很轻松，能省很多时间。】

期末复习第一周

5 月 15 日周三

数学：做习题册 2 小时，数学复习时间剩 50−2=48 小时。

英语：做习题册 1 小时，英语复习时间剩 20−1=19 小时。

5 月 16 日周四

数学：做习题册 2 小时，数学复习时间剩 48−2=46 小时。

英语：做习题册 1 小时，英语复习时间剩 19−1=18 小时。

5 月 17 日周五

数学：做习题册 2 小时，数学复习时间剩 46−2=44 小时。

英语：做习题册 1 小时，英语复习时间剩 18−1=17 小时。

5 月 18 日周六

数学：做习题册 2 小时，数学复习时间剩 44−2=42 小时。

英语：做习题册 1 小时，英语复习时间剩 17−1=16 小时。

5月19日周日

数学：做习题册2小时，数学复习时间剩42−2=40小时（完成所有数学练习册）。

英语：做习题册1小时，英语复习时间剩16−1=15小时（完成所有英语练习册）。

语文：做习题册1小时，语文复习时间剩15−1=14小时。

物理：做习题册2小时，物理复习时间剩32−2=30小时。

期末复习第二周

5月20日周一

数学：复习数学课本和错题2小时，数学复习时间剩40−2=38小时。

语文：做习题册1小时，语文复习时间剩14−1=13小时。

5月21日周二

数学：复习数学课本和错题2小时，数学复习时间剩38−2=36小时。

英语：复习英语错题1小时，英语复习时间剩15−1=14小时。

5月22日周三

数学：复习数学课本和错题2小时，数学复习时间剩36−2=34小时。

语文：做习题册1小时，语文复习时间剩13−1=12小时。（完成语文习题册）。

5 月 23 日周四

数学：复习数学课本和错题 2 小时，数学复习时间剩 34−2=32 小时。

英语：复习英语错题 1 小时，英语复习时间剩 14−1=13 小时。

5 月 24 日周五

数学：复习数学课本和错题 2 小时，数学复习时间剩 32−2=30 小时。

语文：复习错题 1 小时，语文复习时间剩 12−1=11 小时。

5 月 25 日周六

数学：复习数学课本和错题 2 小时，数学复习时间剩 30−2=28 小时。

英语：复习英语错题 1 小时，英语复习时间剩 13−1=12 小时。

5 月 26 日周日

数学：复习数学课本和错题 2 小时，数学复习时间剩 28−2=26 小时。

语文：复习错题 1 小时，语文复习时间剩 11−1=10 小时。

物理：做习题册 2 小时，物理复习时间剩 30−2=28 小时。

化学：做习题册 1 小时，化学复习时间剩 24−1=23 小时。

期末复习第三周

5 月 27 日周一

数学：复习数学课本和错题 2 小时，数学复习时间剩 26-2=24 小时。

英语：复习英语错题 1 小时，英语复习时间剩 12-1=11 小时。

5 月 28 日周二

数学：复习数学课本和错题 2 小时，数学复习时间剩 24-2=22 小时。

语文：复习错题 1 小时，语文复习时间剩 10-1=9 小时。

5 月 29 日周三

数学：复习数学课本和错题 2 小时，数学复习时间剩 22-2=20 小时。

英语：复习英语错题 1 小时，英语复习时间剩 11-1=10 小时。

5 月 30 日周四

数学：复习数学课本和错题 1 小时，数学复习时间剩 20-1=19 小时。

语文：复习错题 1 小时，语文复习时间剩 9-1=8 小时。

物理：做习题册 1 小时，物理复习时间剩 28-1=27 小时。

5 月 31 日周五

数学：复习数学课本和错题 1 小时，数学复习时间剩 19-1=18 小时。

英语：复习英语错题 1 小时，英语复习时间剩 10-1=9 小时。

化学：做习题册 1 小时，化学复习时间剩 23-1=22 小时。

6 月 1 日周六

数学：复习数学课本和错题 1 小时，数学复习时间剩 18-1=17 小时。

物理：做习题册 2 小时，物理复习时间剩 27-2=25 小时（完成物理习题册）。

6 月 2 日周日

数学：复习数学课本和错题 1 小时，数学复习时间剩 17-1=16 小时。

语文：复习错题 1 小时，语文复习时间剩 8-1=7 小时。

英语：复习英语错题 1 小时，英语复习时间剩 9-1=8 小时。

物理：复习物理课本和错题 2 小时，物理复习时间剩 25-2=23 小时。

化学：做习题册 1 小时，化学复习时间剩 22-1=21 小时（完成化学习题册）。

期末复习第四周

6 月 3 日周一

数学：复习数学课本和错题 1 小时，数学时间剩 16-1=15

小时。

物理：复习物理课本和错题 2 小时，物理时间剩 23-2=21 小时。

6 月 4 日周二

数学：复习数学课本和错题 1 小时，数学复习时间剩 15-1=14 小时。

语文：复习错题 1 小时，语文复习时间剩 7-1=6 小时。

英语：复习英语错题 1 小时，英语复习时间剩 8-1=7 小时。

6 月 5 日周三

数学：复习数学课本和错题 1 小时，数学复习时间剩 14-1=13 小时。

物理：复习物理课本和错题 2 小时，物理复习时间剩 21-2=19 小时。

6 月 6 日周四

数学：复习数学课本和错题 1 小时，数学复习时间剩 13-1=12 小时。

语文：复习错题 1 小时，语文复习时间剩 6-1=5 小时。

英语：复习英语错题 1 小时，英语复习时间剩 7-1=6 小时。

6 月 7 日周五

数学：复习数学课本和错题 1 小时，数学复习时间剩 12-1=11 小时。

物理：复习物理课本和错题 2 小时，物理复习时间剩 19-2=17 小时。

6 月 8 日周六

数学：复习数学课本和错题 1 小时，数学复习时间剩 11-1=10 小时。

语文：复习错题 1 小时，语文复习时间剩 5-1=4 小时。

英语：复习英语错题 1 小时，英语复习时间剩 6-1=5 小时。

6 月 9 日周日

物理：复习物理课本和错题 2 小时，物理复习时间剩 17-2=15 小时。

化学：复习化学课本和错题 2 小时，化学复习时间剩 21-2=19 小时。

生物：做生物练习册 1 小时，生物复习时间剩 23-1=22 小时。

机动复习 1 小时

期末复习第五周

6 月 10 日周一

英语：复习英语错题 1 小时，英语复习时间剩 5-1=4 小时。

物理：复习物理课本和错题 2 小时，物理复习时间剩 15-2=13 小时。

6 月 11 日周二

语文：复习错题 1 小时，语文复习时间剩 4-1=3 小时。

物理：复习物理课本和错题 2 小时，物理复习时间剩 13-2=11 小时。

6月 12 日周三

数学：复习数学课本和错题 2 小时，数学复习时间剩 10-2=8 小时。

化学：复习化学课本和错题 1 小时，化学复习时间剩 19-1=18 小时。

6月 13 日周四

物理：复习物理课本和错题 2 小时，物理复习时间剩 11-2=9 小时。

化学：复习化学课本和错题 1 小时，化学复习时间剩 18-1=17 小时。

6月 14 日周五

化学：复习化学课本和错题 2 小时，化学复习时间剩 17-2=15 小时。

生物：做生物练习册 1 小时，生物复习时间剩 23-2=21 小时。

6月 15 日周六

化学：复习化学课本和错题 2 小时，化学复习时间剩 15-2=13 小时。

生物：复习生物课本和错题 1 小时，物生复习时间剩 21-1=20

小时（完成生物练习册）。

6 月 16 日周日

数学：复习数学课本和错题 2 小时，数学复习时间剩 8−2=6 小时。

语文：复习错题 1 小时，语文复习时间剩 3−1=2 小时。

英语：复习英语错题 1 小时，英语复习时间剩 4−1=3 小时。

物理：复习物理课本和错题 2 小时，物理复习时间剩 9−2=7 小时。

期末复习第六周

6 月 17 日周一

化学：复习化学课本和错题 2 小时，化学复习时间剩 13−2=11 小时。

生物：复习生物课本和错题 1 小时，生物复习时间剩 20−1=19 小时。

6 月 18 日周二

物理：复习物理课本和错题 2 小时，物理复习时间剩 7−2=5 小时。

化学：复习化学课本和错题 1 小时，化学复习时间剩 11−1=10 小时。

6 月 19 日周三

化学：复习化学课本和错题 2 小时，化学复习时间剩

10-2=8 小时。

生物：复习生物课本和错题 1 小时，生物复习时间剩 19-1=18 小时。

6 月 20 日周四

化学：复习化学课本和错题 2 小时，化学复习时间剩 8-2=6 小时。

生物：复习生物课本和错题 1 小时，生物复习时间剩 18-1=17 小时。

6 月 21 日周五

化学：复习化学课本和错题 2 小时，化学复习时间剩 6-2=4 小时。

生物：复习生物课本和错题 1 小时，生物复习时间剩 17-1=16 小时。

6 月 22 日周六

化学：复习化学课本和错题 2 小时，化学复习时间剩 4-2=2 小时。

生物：复习生物课本和错题 1 小时，生物复习时间剩 16-1=15 小时。

6 月 23 日周日

数学：复习数学课本和错题 2 小时，数学复习时间剩 6-2=4 小时。

语文：复习错题 1 小时，语文复习时间剩 2−1=1 小时。

英语：复习英语错题 1 小时，英语复习时间剩 3−1=2 小时。

物理：复习物理课本和错题 2 小时，物理复习时间剩 5−2=3 小时。

期末复习第七周

6 月 24 日周一

生物：复习生物课本和错题 2 小时，生物复习时间剩 15−2=13 小时。

化学：复习化学课本和错题 1 小时，化学复习时间剩 2−1=1 小时。

6 月 25 日周二

物理：复习物理课本和错题 2 小时，物理复习时间剩 3−2=1 小时。

生物：复习生物课本和错题 1 小时，生物复习时间剩 13−1=12 小时。

6 月 26 日周三

生物：复习生物课本和错题 2 小时，生物复习时间剩 12−2=10 小时。

化学：复习化学课本和错题 1 小时，化学复习时间剩 1−1=0 小时。

6 月 27 日周四

生物：复习生物课本和错题 2 小时，生物复习时间剩 10-2=8 小时。

语文：复习错题 1 小时，语文复习时间剩 1-1=0 小时。

6 月 28 日周五

数学：复习数学课本和错题 2 小时，数学复习时间剩 4-2=2 小时。

生物：复习生物课本和错题 1 小时，生物复习时间剩 8-1=7 小时。

6 月 29 日周六

英语：复习英语错题 1 小时，英语复习时间剩 2-1=1 小时。

物理：复习物理课本和错题 1 小时，物理复习时间剩 1-1=0 小时。

生物：复习生物课本和错题 1 小时，生物复习时间剩 7-1=6 小时。

6 月 30 日周日

数学：复习数学课本和错题 2 小时，数学复习时间剩 2-2=0 小时。

英语：复习英语错题 1 小时，英语复习时间剩 1-1=0 小时。

生物：复习生物课本和错题 3 小时，生物复习时间剩 6-3=3 小时。

考试周

7月1日周一

生物：复习生物课本和错题3小时，生物复习时间剩3−3=0小时。

7月2日周二

机动复习。

7月3日周三

机动复习。

7月4日周四

期末考试。

7月5日周五

期末考试。

这个计划的优点

当我制定完这个计划后，整个人往往会进入一种热血沸腾的状态，充满了学习的欲望。

这个计划的缺点

1. 太花时间，我制定这种计划一般要花两个小时。

2. 容错性不够好，我在执行这个计划的过程中经常会根据实际情况将任务进行调换和调整，但是即使调整后，这个计划

也难以长期坚持执行，一般也就能坚持一两周。不过这个计划即使不能完美执行，也能让我在心中有一个大概的复习安排。

【这个计划是给大家作为借鉴和参考，大家制定计划时需要考虑自己的实际情况和喜好，不可生搬硬套。比如每科复习的具体时间肯定是因人而异的。成绩一般或成绩不好的同学可以优先复习容易的、擅长的科目，这样更容易进入状态，更容易提分。我是因为除了数学以外的各科都已处于难以进步的第一名状态，所以才优先复习数学这个进步空间较大的弱科。】

改进

之前的期末复习计划一开始就规定了未来 7 周每天的学习内容，导致容错性不够好，很容易被打乱，而且一开始制定计划花时间过多。所以我后续制定的期末复习计划一开始只规定未来 7 周每一周的学习内容。每周再根据具体实际情况安排这周每天的学习内容。每天还可根据实际情况调整计划。

吴业涛改进后的期末复习计划

目标

比年级第二名多考 20 分以上。

复习时间

7 周。周一到周六平均每天完成作业后剩下的自主学习时间为 3 小时（包含自习课），周日完成作业后剩下的自主学习时间为 6 小时。每周平均自主学习的时间为 24 小时，7 周的学习时间，一共 168 小时。期末复习战役拥有兵力：168 个师。

步骤

1. 尽量提前完成各科习题册，希望在最后三周前完成所有习题册。

2. 将课本和错题复习两遍。

各科的题量和时间

数学：一本班级统一购买的特别厚的习题册＋大量试卷＋自己选购的两本习题册。

做完剩下的题目估计还需 10 小时，复习课本和错题两遍估计还需 40 小时，共需 50 个师。

语文：一本班级统一购买的特别厚的习题册＋大量试卷＋自己选购的两本习题册和作文选。

做完剩下的题目估计还需 3 小时，复习错题两遍估计还需 12 小时，共需 15 个师。

英语：一本班级统一购买的特别厚的习题册＋大量试卷＋自己选购的两本习题册。

做完剩下的题目估计还需 5 小时，复习错题两遍估计还需 15 个小时，共需 20 个师。

物理：一本班级统一购买的特别厚的习题册＋大量试卷＋自己选购的两本习题册。

做完剩下的题目估计还需 7 小时，复习课本和错题两遍估计还需 25 小时，共需 32 个师。

化学：一本班级统一购买的习题册＋大量试卷＋自己选购的两本习题册。

做完剩下的题目估计还需 3 小时，复习课本和错题两遍估计还需 21 小时，共需 24 个师。

生物：一本班级统一购买的习题册＋大量试卷＋自己选购的两本习题册。

做完剩下的题目估计还需 3 小时，复习课本和错题两遍估计还需 20 小时，共需 23 个师。

期末复习战役至少需要 164 个师，剩余 4 个师作为预备队以备各科不时之需，比如进一步加强数学。期末复习时，前 4 周侧重数学、语文和英语，后 3 周侧重物理、化学和生物。

期末复习第一周

第一周由周三开始计算，所以复习时间为 18 小时。

重点复习数学、英语。

复习数学 10 小时，数学复习时间剩 50-10=40 小时。

复习英语 5 小时，英语复习时间剩 20-5=15 小时。

复习语文 1 小时，语文复习时间剩 15-1=14 小时。

复习物理 2 小时，物理复习时间剩 32-2=30 小时。

期末复习第二周

重点复习数学、英语和语文。

复习数学 13 小时，数学复习时间剩 40−13=27 小时。

复习英语 5 小时，英语复习时间剩 15−5=10 小时。

复习语文 4 小时，语文复习时间剩 14−4=10 小时。

复习物理 2 小时，物理复习时间剩 23−2=21 小时。

期末复习第三周

重点复习数学和物理。

复习数学 16 小时，数学复习时间剩 27−16=11 小时。

复习英语 2 小时，英语复习时间剩 10−2=8 小时。

复习语文 2 小时，语文复习时间剩 10−2=8 小时。

复习物理 6 小时，物理复习时间剩 21−6=15 小时。

期末复习第四周

重点复习数学和物理。

复习数学 5 小时，数学复习时间剩 11−5=6 小时。

复习英语 2 小时，英语复习时间剩 8−2=6 小时。

复习语文 2 小时，语文复习时间剩 8−2=6 小时。

复习物理 11 小时，物理复习时间剩 15−11=4 小时。

复习化学 2 小时，化学复习时间剩 24−2=22 小时。

复习生物 2 小时，生物复习时间剩 23−2=21 小时。

期末复习第五周

重点复习化学和生物。

复习物理 2 小时，物理复习时间剩 6−2=4 小时。

复习化学 8 小时，化学复习时间剩 22−8=14 小时。

复习生物 8 小时，生物复习时间剩 21−8=13 小时。

复习数学 2 小时，数学复习时间剩 6−2=4 小时。

复习英语 2 小时，英语复习时间剩 6−2=4 小时。

复习语文 2 小时，语文复习时间剩 6−2=4 小时。

期末复习第六周

重点复习化学和生物。

复习物理 2 小时，物理复习时间剩 2−2=0 小时。

复习化学 8 小时，化学复习时间剩 14−8=6 小时。

复习生物 8 小时，生物复习时间剩 13−8=5 小时。

复习数学 2 小时，数学复习时间剩 4−2=2 小时。

复习英语 2 小时，英语复习时间剩 4−2=2 小时。

复习语文 2 小时，语文复习时间剩 4−2=2 小时。

期末复习第七周

重点复习物理、化学和生物。

复习物理 2 小时，物理复习时间剩 2−2=0 小时。

复习化学 6 小时，化学复习时间剩 6−6=0 小时。

复习生物 5 小时，生物复习时间剩 5−5=0 小时。

复习数学 2 小时，数学复习时间剩 2−2=0 小时。

复习英语 2 小时，英语复习时间剩 2−2=0 小时。

复习语文 2 小时，语文复习时间剩 2−2=0 小时。

第一周具体复习计划

5 月 15 日周三

数学：做习题册 2 小时，数学复习时间剩 50-2=48 小时

英语：做习题册 1 小时，英语复习时间剩 20-1=19 小时

5 月 16 日周四

数学：做习题册 2 小时，数学复习时间剩 48-2=46 小时

英语：做习题册 1 小时，英语复习时间剩 19-1=18 小时

5 月 17 日周五

数学：做习题册 2 小时，数学复习时间剩 46-2=44 小时

英语：做习题册 1 小时，英语复习时间剩 18-1=17 小时

5 月 18 日周六

数学：做习题册 2 小时，数学复习时间剩 44-2=42 小时

英语：做习题册 1 小时，英语复习时间剩 17-1=16 小时

5 月 19 日周日

数学：做习题册 2 小时，数学复习时间剩 42-2=40 小时（完成所有数学练习册）

英语：做习题册 1 小时，英语复习时间剩 16-1=15 小时（完成所有英语练习册）

语文：做习题册 1 小时，语文复习时间剩 15-1=14 小时

物理：做习题册 2 小时，物理复习时间剩 32-2=30 小时

萝卜计划：北大奇人怪招　☆☆☆☆☆

后续根据实际情况制定每周和每天的学习计划。下面是5月15日具体的计划案例。

5月15日周三

1.应完成的任务与预估时间

物理作业：1.5 小时

化学作业：1 小时

数学：做习题册 2 小时，数学复习时间剩 50-2=48 小时

英语：做习题册 1 小时，英语复习时间剩 20-1=19 小时

2.具体安排

化学作业 1 小时　自习课（　　　）

物理作业 1.5 小时　19：00—20：30（　　　　）

做数学习题册 2 小时　20：30—22：30（　　　　）

做英语习题册 1 小时　23：00—24：00（　　　　）

【这是我走读状态的时间表，我在学校上完晚自习后回到家里还会再学到晚上 12 点。我住校时会在下午 6 点就开始学习，这样晚上 10 点半即可完成当天的学习任务。这个只是给大家做一个参考，具体的学习计划肯定是要根据自己的实际情况和喜好进行安排。很多学校给同学们留的自习时间非常少，这种情况有利有弊。有利之处在于多听课基础更扎实，弊端在于减少了学生的做题时间。如果不能改变环境，我们就要学会用积极的心态适应它，用本书前面的方法提高听课效率。即使是超前学习的学生，也应认真听课，不能认为自己懂了就不用听课了。学习是一门关于重复的艺术。我们追求的是烂熟，而

不只是听懂。】

以下是大三女生"胖胖的龙猫90"制定的减肥计划。

减肥计划

目标

大目标：身高 1.5 米。三个月内，由 120 斤减到 100 斤。

小目标：9 月 110 斤，10 月 100 斤。

【以前试图通过不吃晚饭的方式快速减肥，但是那样太难受，难以坚持。所以现在把短期目标制定得更加容易。】

步骤

1.运动

每天晚上 7：30—9：00 到操场慢跑。

2.控制饮食

早餐：红薯＋鸡蛋＋清水 或者 玉米＋清水。

中餐：素菜＋小碗米饭。

晚餐：1 个包子。

可能会出现的问题与应对措施

1.问题：如何坚持？

应对措施：

① 找室友一起执行，互相督促和激励。

② 每天都看一下计划，每次执行计划后在纸上画个星号。

2. 问题：如何战胜食物的诱惑？

应对措施：

① 吃八成饱后立刻离开餐桌。

② 把整个柜子的零食都送给同学或者弟弟妹妹，不要让零食出现在眼前。

③ 放长假回家会面临食物的诱惑，爸妈还会在旁边怂恿我吃，一定要坚决抵制"恶势力"。采用隔绝诱惑法，每次先吃饭，在他们吃饭的时候就去跑步。

3. 问题：如何长期运动？

应对措施：

① 戴上耳机听音乐或者听英语。

② 跑步的时候数圈数激励自己。

③ 下雨无法跑圈就在宿舍走廊里跳绳，在床上做仰卧起坐。

激励

1. 想想自己瘦下来后美美哒的样子！

2. 我要瘦成一道闪电！

3. 我喜欢流汗，流汗代表健康！

4. 同学们都喊我"肉球"……我不要再当"肉球"！！

5. 看看涛哥的《秘笈》，里面的"老大"当时那么多事要做，哪件事情不比我的难。人家那么难都做到了，我也可以的！不就运动一个半小时吗？不就少吃几口饭吗？我行的！

6. 涛哥从 189 斤减到 147 斤，我也可以的！

执行过程遇到的问题与改进

1. 问题：慢跑一个半小时太难了，三天后就坚持不下来了。

改进：减小运动量。将运动方式改成每天慢走 1000 米，倒走 1000 米，快步走 25 分钟，慢跑 2000 米。

2. 问题：在减肥的第二个月遇到平台期，体重一直停留在某个固定的值。

改进：增大运动量。将运动方式改为先倒走一圈，然后快走 25 分钟。走完后做做伸展运动，回宿舍爬楼梯，六层楼来来回回爬六趟。饮食方面，早晨不吃玉米或者红薯，改成更适合减肥的燕麦。

"胖胖的龙猫 90" 在贴吧发帖提及了自己的收获与感悟。

测体重的时候 100 斤！100 斤呐！自从初三就再也没有见过 100 斤了。我真的做到了，减肥成功了！而且今年的 800 米测试我也轻松的跑过了，以前还是肉球的时候都是没成绩的。

在运动的时候，肌肉酸疼，想到涛哥说的"酸疼只是一种感觉，我不一定要讨厌这种感觉，可以爱上肌肉酸疼的感觉"，就告诉自己"我也爱上这酸疼的感觉了，这酸疼简直不敢相信，就是这个感觉，让酸疼来得更猛烈些吧！"一边说一边走。我发现，当我把注意力都集中在口号上面的时候就忽略了身体的不适。这就是传说中的"移情别恋"吗？

孝顺计划案例

目标

孝顺父母与爷爷奶奶外公外婆。

步骤

1.每周至少陪父母散步一次，积极与父母交流。

2.不要跟父母发火。有话好好说，不能因为是亲人就发泄。

3.努力学习，取得进步，不要让父母担心，要让他们高兴！

4.尽量多做家务。

5.父亲节、母亲节都要给父母送上祝福和礼物。

6.每个月至少去看外公外婆一次，多和他们说话，逢年过节多合影。

7.每年都要拜祭爷爷奶奶。

这些都是很简单的小事，实在是想不出什么困难，以前有时候太忙会忘记，现在写在计划本里能提醒自己。

结　语

　　我在执行计划过程中发现，有时候状态好，整个人充满了激情和干劲，很容易就完成了计划，而且感觉特别舒爽。如何才能激发出这种好状态呢？经过长期的总结，我发现好状态＝击败诱惑＋自信＋精力充沛。

　　击败诱惑最简单有效的方法就是隔绝诱惑。比如可以把手机换成不能上网的非智能机，还可以去一些远离诱惑的自习室和图书馆学习。

　　培养自信的关键在于，每天制定简单的一定能实现的学习计划。每天都能完成计划，每天进步一点点，自然就会充满信心。制定计划的好处有很多，最大的好处正是体会完成计划的乐趣和成就感，不断提高做事的自信和热情。

　　有一位中学生，她以前周日只学习 3 小时，现在渴望改变，于是尝试制定了两种计划。一个是 11 个小时的学习计划，完成了 6 小时；一个是 4 小时的学习计划，完成了 5 小时。哪一个计划的效果好呢？许多人会觉得"当然是 11 个小时的那个计划好，毕竟最后多完成了一个小时"。但是实际上，那个计划打击了她的自信，她失败了几次便放弃了，又开始混日子，甚至变本加厉。这种很难完成的短期计划，简直是害人。那个 4 小时的学习计划，看似平淡无奇，却能培养她的自信和热情，从而不断进步。某一天多完成一小时的任务，可能只是一件小事，但是风物长宜放眼量，微小的进步积累起来，也能带来巨大的改变。我们想要的不是某天完成了艰巨的任务，而是长久地坚持和不断地进步。

好计划的核心就是容易，容易到一定能实现。绝大多数时候，失败的原因不是困难太强大，也不是自身太弱小，而是急躁。许多人在制定计划时简直化身成为最凶残的奴隶主，摆出一副"人有多大胆，地有多大产"的架势，一定把自己往死里逼，非得把自信彻底摧毁才罢休。计划失败，不要怪自己执行时懒惰或拖延，先想想制定计划的时候是否急于求成。制定计划，一定要考虑当时的实力和状态。执行不好，可能不是实力不够，而是目标定得太高。人总不能在揠苗助长后还怪苗不争气吧。执行计划的时候，可以想"要对自己狠一点"；但是制定计划的时候，对自己一定要温柔。

有位读者曾跟我反映："我觉得你说得很有道理，可是还差 100 天就高考了，我还差 200 分才能上清华，再不制定困难的计划根本就来不及了，这种情况怎么办？"这就是典型的欲速则不达。既然时间有限，你就更不应该去制定一个难度很高的计划，打击自信，连本应实现的那几十分进步都得不到。你应该接受现实，调低目标，每天制定一些简单的容易实现的学习计划，每天进步一点点，信心越来越强，状态越来越好，尽最大努力提高分数。制定计划时，不应只想着自己想要什么，应该多想想以自己目前的实力和状态，能做到什么程度。要根据上周的学习状态和时间来制定这周每一天的目标，上周状态不好，平均每天晚上只学 1 个小时，那你今天晚上最多制定 1.5 小时的学习计划。要让自己经常享受超额完成目标的快感，而不是经常完不成目标。

定计划就是为了一个字，"爽"！刚定好计划的时候，做事情充满动力，爽！执行计划的过程，井井有条，爽！不但实现了目标，还多做了一点点，自信心爆棚，超爽！！制定循序渐进的容易的计划，并结合使用量化激励原则，每天给自己打分，看见自己每天都能完成目标，然后一点点挑战更高的难度，这样就很容易进入自信爆棚的良性循环，激发热血沸腾的激情和状态。

实现计划离不开充沛的精力，除了早睡早起，作息规律之外，还要进行运动和锻炼。体育锻炼还可以增强意志力和自信，对完成计划非常有好处。

好状态＝击败诱惑＋自信＋精力充沛，那么调整状态也应该往这几个方向努力。状态欠佳的时候，要想办法隔绝诱惑、制定容易实现的短期计划以及进行体育锻炼。

通向成功的道路，往往是漫长而又曲折的。计划受挫然后进行调整，几乎是必然的事情。在计划受挫以后，不要想着失败和放弃，应该调低短期目标并找寻改进措施。切记，不要把计划当成实现自己愿望和目标的"登天梯"，而是要把计划当成培养自己自信和状态的"好朋友"。请时刻提防人性的贪婪和浮躁，一定要将短期计划制定得特别容易，容易到一定能实现，每天进步一点点。

一本书看一遍的用处不大，建议多看几遍。本书书页上画着星号，读者每看完一遍可以画一颗星号。书中的方法是用来借鉴和参考的，不是用来生搬硬套的，读者们可以根据自己的实际情况进行调整。许多读者曾与我进行交流，对本书提出了宝贵建议，我对此深表感谢。我还要感谢出版社编辑对此书的支持和重视。